**Vístete
Postea y
Factura.**

Vístete Postea y Factura.

Kevinfashioned

Copyright © 2025 Kevin Cahill
Todos los derechos reservados.

Escrito, traducido y editado por : Kevin Cahill

Conocido y encontrado como @kevinfashioned en redes sociales.

Queda estrictamente prohibida la reproducción total o parcial de este libro por cualquier medio, ya sea impreso, digital o electrónico, sin el consentimiento previo y por escrito del autor.
Esto incluye, pero no se limita a, la copia, distribución, comercialización, ni su transmisión en cualquier forma o por cualquier medio, ni su incorporación en un sistema informático, sin el previa autorización del autor.

La infracción de los derechos mencionados puede ser constitutiva de delito contra la propiedad intelectual, según lo establecido en la legislación vigente.

ISBN: 9798281431620

Para Manu, Gracias por motivarme a construir la persona que soy hoy, y por recordarme todos los días que sí se puede, siempre y cuando estés rodeado de la gente correcta.

Y para todos mis seguidores que me han acompañado desde el principio. Ustedes han sido mi motor, mi inspiración y mi comunidad.
Esto también es suyo.

Indice

Tu *aura* vende - *1*

Cuando tu outfit
vale más que tu cuenta bancaria - *8*

Consejos sin filtro
para influencers en construcción - *15*

Como destacar
Sin ningún tipo de presupuesto - *24*

La versión de ti
que deja huella - *36*

Influenciar desde la información,
no desde el outfit - *52*

La Moda
También se Explica - *61*

IA en el guion
Aliada o Amenaza Creativa - *73*

El arte
De que te importe un carajo - *79*

La Nueva Generación
del Contenido Fashion - *87*

Lo Esencial para
Publicar con Estilo - *98*

¿Y Ese Ego de
Qué Marca Es? - *105*

El Arte de Atraer
Colaboraciones Fashion -*110*

Rango promedio de precios - *117*

Opiniones finales - *118*

Prologo

La idea de este libro la tuve un lunes 2 de diciembre de 2024.

Acababa de regresar de Asia. Fue mi cuarto viaje a ese continente desde que comencé a crear contenido hace 3 años y, aunque venía agotado, algo me hizo clic en ese vuelo de regreso. Pensé en todo lo que he aprendido en estos años. En cómo mi vida cambió por completo. Y supe que tenía que contarlo.

No lo escribí de inmediato. Dejé que pasaran un par de meses para ordenar las ideas en mi mente, para dejar que ese impulso madurara, para entender qué era lo que realmente quería compartir.

Y ahora sí, me siento listo.

Este libro lo voy a escribir a mano. Lo estoy grabando todo porque quiero que sea auténtico, sin filtros ni ediciones artificiales. En un mundo donde todo se está haciendo con inteligencia artificial, esto va a ser diferente. Este libro es 100% humano. Es mi conocimiento, mis errores, mis aciertos y mi experiencia real.

Y no solo hablaré de moda o marketing.

Aquí vas a encontrar estrategias claras, ideas, ejemplos reales, y verdades que nadie te dice sobre esta industria.

Te contaré los secretos del algoritmo, cómo hacen las marcas para encontrarte y contratarte, cómo debes construir tu imagen, cómo crear contenido que conecte de verdad, cómo hablarle a la cámara como si fuera tu mejor amigo, y qué hacer cuando te toca conocer a esos influencers que siempre admiraste… incluso cómo lograr un collab con ellos, como lo hice yo.

En diciembre de 2021, cuando grabé mi primer video, vivía con mi mamá. Tenía varios pares de zapatos de Bershka que me parecían un lujo, unos jeans rotos, y una idea muy clara: quería ser independiente lo más pronto posible, y las redes sociales fueron mi primera opción.

Si alguien me hubiera dicho que me convertiría en el hombre panameño más seguido en redes sociales, a los 21 años de edad, no lo habría creído.

Y sin embargo, aquí estoy.

Porque sí, tener redes sociales exitosas puede cambiar tu vida. No solo por el dinero.

Por las conexiones. Por lo que aprendes. Por cómo te transforma.

Sé que probablemente piensas:
"Pero yo no tengo el cuerpo, la ropa, la cámara, los contactos…"

Créeme, yo tampoco los tenía. Pero aprendí a ver esas excusas por lo que son: ruido mental.

Esa voz que te sabotea, yo la llamo Alberto.
Y cada vez que aparece y me dice: "No puedes", yo le contesto: "Cállate, Alberto. Ese no soy yo. Yo soy Kevin, y yo sí puedo."

Y tú también.

Este libro tiene mi alma escrita en cada página.
Contiene aprendizajes que tardaron años, errores que me costaron caro, y verdades que nadie en el mundo del marketing quiere contarte, porque no les conviene que crezcas tanto como ellos.

Pero a mí sí me importa.

Yo quiero que alguien lea esto y se convierta en la próxima gran estrella del mundo de la moda.

No por suerte.

No por contactos.

Sino porque tuvo las herramientas, las ganas y el conocimiento.

Ahora sí… empecemos.

Tu *aura* vende

Probablemente te preguntes: ¿Qué es un *fashion influencer*?

Para mí, principalmente, es una persona que logra expresarse, vender o influenciar a un grupo que comparte las mismas referencias. Hay que recordar que la moda no es solo algo que usamos, sino una forma de mostrarle al mundo quiénes somos.

Un ejemplo claro sería alguien que suele vestir de forma más conservadora o formal: una falda que le cubre las rodillas, una blusa blanca de botones, uñas monocromáticas y unos tacones negros Manolo. Obviamente, en una oficina, esto parece simplemente un atuendo de trabajo. Pero en realidad, esa persona está comunicando mucho más. Puede estar diciendo que se toma su trabajo tan en serio que decide vestir casi como si tuviera uniforme, demostrando sus valores profesionales.

O también puede estar adoptando lo que internet ha bautizado como la "office siren", ese personaje tipo secretaria exagerada, que siempre te trae el café a tiempo, pero hace esperar a todos mientras ella termina su otra llamada.

Otro ejemplo de cómo usamos la ropa para expresar personalidad es la gente que muestra un montón de marcas. A veces eso viene de la necesidad de demostrar estatus económico.

Lo vemos tanto en personas comunes como en influencers: mostrando carteras enormes de Chanel o bolsos de Bottega. Al final, están comunicando riqueza, construyendo una marca personal o alimentando la narrativa social de que son los expertos a quienes debes acudir cuando se trata de compras costosas.

Independientemente de si vas a ser un influencer de lujo que usa Balenciaga o uno que compra en tiendas de segunda mano y las convierte en tesoros, lo más importante no es la ropa.

Es la **narrativa**.

Es tener algo que contar y que la gente lo sienta real. Puedes usar piezas de $5 o de $5,000, pero si no tienes una historia, nadie conecta contigo.

Y tal vez te preguntes: ¿Por qué importa esa narrativa social? ¿Por qué importa si la gente confía en lo que dice este amante de la moda?

Bueno, hay tres razones.

Primero, demostrarle a los patrocinadores que tienes una comunidad que confía en ti y, por lo tanto, va a comprar lo que tú compras. Los patrocinadores te pagan, tú recomiendas, tu audiencia compra… y el ciclo se repite.

Segundo, tu comunidad te puede dar una posición más fuerte en la que puedes venderles directamente, un curso de estilo, un podcast, o cualquier cosa relacionada con tu opinión.

Y tercero, y el más importante : puedes lograr influenciar la moda en sí.

Un nivel aún más alto es tener tu propia marca de moda exitosa. Pero eso lo vamos a analizar más adelante.

Ahora, influenciar la moda no siempre requiere tener millones de seguidores. ¿Cuántas veces has ido al súper o a la escuela y viste a alguien con unos zapatos lindos y pensaste:

wow, quiero esos mismos.

Eso ya es influenciar. No necesitas 10 millones de seguidores para tener éxito en moda. Lo que necesitas es una comunidad que admire tu punto de vista.

Entonces, ¿qué es realmente un influencer de moda? ¿Qué define a alguien que influye en su comunidad a través de la moda?

Un fashion influencer es una persona capaz de cautivar a una audiencia y compartir su perspectiva de estilo de una manera que genera movimiento.

Ya sea como fuente de inspiración, como un canal creativo, como fuente de información o incluso como creador de tendencias, un influencer logra convencer a un grupo de personas de que su estilo vale la pena.

Se trata de conectar y de encontrar a otros que comparten tus mismos gustos. Encontrar tu comunidad ideal.

Esa es la clave para destacar.

En mi opinión, la moda siempre ha sido un reflejo de la expresión humana. Tú decides cómo quieres presentarte al mundo.

Y en redes sociales, no solo estás representando tu estilo, también estás representando un arquetipo, una narrativa. Puedes crear tu propia forma de estilizar. Eso hacen las marcas todo el tiempo: empujar los límites de lo que puede convertirse en una nueva tendencia.

Claro, puedes seguir tendencias y tener éxito, pero también puedes tomar otro camino.

Puedes crear las tuyas propias, marcar territorio en la comunidad de moda y enseñar cómo otros también pueden lograrlo. Al final del día, los "get ready with me" son populares porque muestras qué marcas usas, qué tendencias sigues y cuál es tu lógica al armar un look. La gente te ve como una fuente de inspiración.

Estás mostrando cómo tus referencias y tu punto de vista dieron vida a ese outfit.

Y te doy un secreto.. la autenticidad, me ha llevado más lejos de lo que podría imaginarme.

En mis casi tres años como creador de contenido de moda he tenido la oportunidad de viajar por el mundo : Tailandia, Río de Janeiro, Corea, Japón, París…

y todo gracias a campañas enfocadas en mi conocimiento sobre moda y marketing.
Por eso, siento la obligación de decirte que yo empecé sin nada, excepto con ganas de aprender sobre moda.

Así es. No tenía ni un clóset impresionante, ni apartamento en la ciudad, ni seguidores cuando comencé a crear contenido. Me fui de casa a los 18 años, justo cuando estaba terminando la pandemia, y me mudé al apartamento de mi novio, donde apenas nos alcanzó para comprar un colchón usado y una mesa plegable de plástico.

Pero poco a poco aprendimos que si hacíamos crecer nuestra comunidad, teníamos capital social. Tal vez no dinero, pero sí una audiencia interesada en la moda. Poco a poco fuimos mejorando nuestro estilo de vida. Recuerdo cuando nos mudamos a nuestro segundo apartamento; casi no lo podíamos pagar, pero sabíamos que si vivíamos en un lugar mejor, las marcas confiarían más en nosotros. Creamos una imagen que funcionaba.

Recuerdo la primera vez que regalé artículos de moda en la calle. Pensaba: "me encantaría quedarme con estos zapatos o esta cartera para mí", pero no lo hacía. Contrario a lo que muchos piensan, yo no cobraba por regalar. No monetizaba ni en TikTok. Lo hacía por amor a la moda y por demostrar que la moda es para todos.

Muchas veces tenía millones de vistas… y aún así no ganaba lo suficiente para pagar mis gastos. Mientras las marcas generaban miles de dólares en ventas, yo no veía ese dinero. Una famosa marca de zapatillas, por ejemplo, tuvo 21 millones de vistas en un solo video mío. ¿Crees que me pagaron? No, no realmente. ¿Y te preguntas por qué no pedí dinero? traté… ¿Y qué pasó? No contestaron. Hago este libro para que no cometas los mismos errores que yo.

Este libro está basado en mi experiencia, en una industria que también es relativamente nueva. Voy a darte todos los tips para que te conviertas en la mejor y más monetizable versión de influencer que puedes ser.

Una de las razones por las que decidí escribir este libro a mano es para demostrarte que la autenticidad y la originalidad aún importan, o al menos deberían importar. En una era donde muchos influencers usan herramientas para vender ideas recicladas y productos a medio hacer, eso no es lo que el público necesita.

En este mundo dominado por la inteligencia artificial, yo elegí usar mi cerebro, mis vivencias, mis ideas… para darte una oportunidad real de tener éxito como fashion influencer.

El conocimiento es poder, pero necesitas saber cómo aplicarlo en tu día a día, con herramientas que tienes al alcance de tu mano.

Nunca habíamos tenido tantas herramientas para construir una sociedad un poco más meritocrática, donde puedes usar tu celular y las redes sociales para formar una comunidad que te apoye y que te permita vivir de forma sostenible.

Ya sea para vender tus carteras, tu tienda de ropa de segunda mano, o hasta promocionar productos de otros, necesitas saber a lo que te estás metiendo. Necesitas una base sólida para crear contenido auténtico, que destaque, mientras vendes tu estilo.

En este libro voy a cubrir todos los nichos, tipos de influencers de moda y estrategias que se utilizan comúnmente. No para que copies y pegues una fórmula, sino para que encuentres inspiración.

No copies literalmente lo que diga aquí, sino usa estas herramientas para encontrar tu estilo y vender tu visión de forma auténtica.

Ese es el mensaje de este libro. Por eso lo estoy escribiendo a mano.

Porque esto es real. Son mis pensamientos genuinos, cosas que un robot no puede hacer.

No estoy copiando ideas de otros, estoy analizando sus estrategias para que tú también tengas una oportunidad justa de convertirte en influencer de moda.

Cuando tu outfit
vale más que tu cuenta bancaria

¿Cuáles son los diferentes tipos de influencers de moda?
Bueno, tenemos que empezar con lo más básico. Existen muchos tipos de creadores de moda con estilos y nichos totalmente distintos. Pero antes de meternos en los nichos, primero vamos a clasificar qué tipo de influencers de moda existen.

Tenemos a los influencers de **moda de lujo**,
los influencers de **moda informativa**,
los creadores de moda **alternativa o "alt"**,
los influencers de **moda sostenible**,
los **stylist** que muestran cómo visten a sus clientes,
los **diseñadores** que crean contenido basado en sus propias colecciones,
y también los influencers de **moda estética**, que lo hacen más como un canal creativo, subiendo fotos lindas que inspiran a otros.

Pero como estoy escribiendo esto a mano, tengo que decirte mis ganas de empezar hablando sobre **los Influencers de Moda de Lujo.**

Estos son los creadores que suelen invertir más en su marca personal. Y me atrevo a decir que también es uno de los nichos que más atención recibe de su comunidad.
Pero cuidado, porque también es uno de los más competitivos.

Este tipo de influencer se apoya muchísimo en los hábitos de consumo, el *shock value* y el contenido aspiracional.

¿Quiénes son?
Ese tipo de personas que aparecen en tu "Para Ti" empezando el video con: *"¿Qué pulsera de **Van Cleef** debería comprar hoy?"* o mostrando un haul de cosas carísimas de marcas que todo el mundo reconoce. que una cartera de Chanel cuesta mucho dinero. que si alguien muestra cuatro bolsas enormes de Hermès.

seguramente gastó una fortuna.
¿Y eso qué genera? Shock value.

¿Qué es el shock value?

Si eres nuevo en internet, *shock value* es una técnica para atrapar al espectador en los primeros tres segundos con algo que lo sorprenda.
Ejemplos:
    Mostrar un recibo gigante frente a todas tus bolsas de compras.
    Grabarte dentro de la tienda Chanel preguntando cuál cartera combina mejor con tu outfit.

Eso es shock value. Estás demostrando acceso a productos exclusivos. Y eso genera autoridad. Porque si tú puedes comprarlos, entonces tu opinión "vale más".

La industria de la moda nos ha enseñado que poder comprar estas cosas significa que *puedes*, mientras otros *no pueden*. Que tu estilo de vida y tus decisiones financieras son inteligentes. Que sabes generar dinero, y encima, sabes invertirlo en lo correcto.

A pesar de que **esto no tiene nada que ver con la realidad**. Porque muchísimas personas terminan **quebradas jugando ese juego.**

¿Cómo ser un influencer de moda de lujo?

Primero que todo, quiero decirte que esta categoría es de las más fuertes… pero también de las más exclusivas. Si no se ejecuta bien, puede terminar en fracaso total.

El branding de lujo es complicado.
Porque tienes que convencer a tu comunidad de que tienes dinero, pero al mismo tiempo, tienes que caer bien.

Y seamos sinceros: al demostrar lujo es sencillo no caer bien. Porque puedes y pareces desconectado de la realidad.

¿Cómo puede gastar $12,000 en una cartera en esta economía? Solo quiere presumir.

Todo eso puede ser cierto… pero también puede ser irrelevante si construyes una buena historia detrás.
La clave está en el *branding personal*.

Tienes que diferenciarte.
Tienes que ser empático, genuino, y conectar emocionalmente con tu compra.
Tal vez, en vez de empezar el video mostrando directamente la cartera, empieza mostrando lo feliz y agradecido que te sientes por haber podido hacer esa compra.
Tal vez muestra todas las formas en que la vas a combinar.

Voy a darte dos ejemplos sobre el mismo tema, y después te voy a explicar la diferencia en el tono.

Ejemplo A:
Acabo de gastar $15,000 en Bottega Veneta y solo compré cuatro cosas.
Todo esta perfecto excepto que me hubiese gustado este bolso en color verde esmeralda, y si, ayer vi una muy parecida en otra del color que quería pero ya saben que ni muerta me verían comprando algo que no es de marca. **No soy influencer de rebajas.**

Versus

Ejemplo B:
Unboxing del bolso más bello que me he comprado! Fui a Bottega Veneta y por fin encontré este bolso que había querido desde hace meses y me emociona muchísimo sumarlo a mi colección. Me lo compré en rojo, y lo sé lo hubiese preferido en verde esmeralda de hecho ayer vi un bolso muy parecido en la tienda de segunda que queda en la esquina del mall y mañana voy a pasar por ahí a ver si aun la tienen, si es que uno de ustedes no va y lo compra primero por qué ya les revelé donde queda.

¿Notas la diferencia en el tono entre el guion A y el guion B?

Hay un riesgo muy real al hacer contenido de lujo, y es caer en lo pretencioso o pedante.
Hay una línea muy delgada entre sonar aspiracional e inspirador, y simplemente mostrar consumismo sin sentido ni propósito.

Quiero que releas los dos ejemplos y pienses bien: ¿qué es lo que realmente está mal?
¿Por qué el guion **A** suena más pesado, más creído, que el guion **B**?
Sí, ambos son snob. Pero en formas muy distintas.

El segundo guion se siente más cercano, como si estuvieras hablando por teléfono con esa amiga rica que siempre te entretiene con sus historias, ambos pueden ser virales pero el segundo te hará tener una audiencia más fiel. Porque la realidad es esta: **el 99% de tu audiencia no puede consumir a ese nivel**.

Por eso, si vas a mostrar este tipo de contenido, lo mejor es agregarle un toque de emoción, de agradecimiento… incluso un tip útil.

Al final del día, igual estás vendiendo o influenciando productos que tú recomiendas. Pero tienes que saber que no todo el mundo que te ve puede permitírselos.

Y por eso, y no lo tomes a mal, pero tienes que ser **útil**.

¿Por qué le debería importar al espectador lo que tú compraste, en lugar de lo que muestra cualquier otro shopaholic?

La respuesta es simple: un buen *storytime, bebé.*

Mostrar riqueza vacía te puede llevar lejos, incluso a conseguir seguidores. Pero si quieres construir **una comunidad de lujo que te quiera y te siga de verdad**, tienes que aportar valor y autenticidad.

Hay una gran diferencia entre ser popular en redes sociales y ser **influyente**.
Tiene que haber algo que te haga destacar.
Porque si no, tus vistas solo van a subir cada vez que muestres más bolsas… pero ¿cómo vas a mantener a tu comunidad interesada?

He visto tantas veces a creadores atrapados en la cárcel de las 3,000 vistas, incluso cuando están mostrando compras de más de **$20,000.**

Y es que hay una creencia absurda: que mientras menos personalidad tengas, más lujoso te ves.

La realidad es que necesitas destacar.
Y comprar por comprar no es el camino.
Recuerdo una vez que fui a un viaje y conocí a personas con armarios carísimos. Se autodenominaban creadores de moda… pero no entendían ni una sola referencia de lo que estaban consumiendo o promocionando a sus seguidores.

Y no te digo que tengas que saber toda la historia detrás de cada pieza.

Pero si vas a gastar muchísimo dinero y lo vas a mostrar en redes, tiene que ser **interesante**.

¿Una forma de hacerlo?
Conocer el producto que estás usando.

Especialmente si estás tratando de convencer a otros de que eso que compraste es *el* objeto cool del momento.

Al final del día, eres una especie de **vendedor glorificado** o un **comercial con vida propia**. Necesitas lograr que las personas inviertan su atención en tus inversiones de compras.

Recuerdo que hubo un creador muy popular a finales del 2021 y entrando al 2022, que hablaba como si estuviera susurrando.

Un hombre de voz suave, muy elegante, frágil, mostrando las carteras más caras que el dinero podía comprar. Con una voz que casi podía dormir a un niño, se apoyaba en la narrativa de que para consumir artículos de lujo, tenías que ser sofisticado.

Creo un personaje que transmitía un aire elegante mientras aportaba algo diferente a su canal. En sus videos su voz está susurrando exageradamente suave.

Su voz se volvió el diferenciador que potenció su marca personal.

Y no solo eso, también explicaba los materiales de cada pieza, lo que agregaba valor a su contenido. Esto ayudaba al espectador que tal vez estaba interesado en Hermes a interesarse más en los productos que mostraba.

Mi recomendación para la persona que está inclinándose por este formato de creación de contenido es que sea consciente de la narrativa social que está creando.
Al final del día, es muy fácil parecer clasista, pretencioso, arrogante y engreído.

Mi recomendación para esas girlies que realmente quieren entrar en este tipo de nicho es que tengan referencias. No solo para ser más carismáticas, sino también para lograr ser más virales. La clave, al final del día, es mantener esas vistas altas **por las razones correctas.**

Consejos sin filtro
para influencers en construcción

Tip número uno:

el influencer que no habla está muriendo.
Así es, no vas a conseguir **millones** de fans que realmente te generen dinero si todo lo que haces es grabarte usando ropa linda con una canción de fondo.
Claro que las tendencias son una herramienta que puede usarse para aumentar tu exposición, pero la realidad es que ser así solo te va a llevar hasta cierto punto.

Sí, puede ser una herramienta útil, pero no realmente para construir una comunidad sólida.
Necesitas empezar a mostrar esa maravillosa personalidad que tienes, porque tus opiniones / perspectivas son las que van a crear una comunidad más fuerte.

El objetivo es que a las personas les guste verte a ti, por lo tanto, creas una amistad con tu comunidad.
Las personas más memorables en internet son las que tienen personalidad.
Ya sea graciosa o picante, necesitas tener algo que te diferencie del resto.

Hoy en día es más difícil que nunca porque cualquiera puede volverse viral, pero tus chances se multiplican por diez si muestras tu personalidad mientras haces ese unboxing.

Tip número dos:

conoce tus referencias.
El 99% del tiempo veo personas comprando o mostrando artículos sin ningún tipo de contenido de fondo.
Es como un chef mostrando una pasta cruda. No es un producto terminado.

Al conocer tus referencias, puedes incluso hacerlo más viral. *"Esta cartera es igual a una que Adriana Lima no soltaba en 2006"*

Conocer tu referencia puede abrir la puerta a infinitas posibilidades de creación de contenido.

Imagina que compras una falda de Miu Miu y dices que la vas a estilizar como lo hicieron en la pasarela. Eso da contexto, pero también sustancia.

De nuevo, la meta no es solo comprar lo que está de moda, sino también darle tu propio giro original.

¿Por qué la compraste?

¿Qué te hizo elegir esa y no otra?

¿Cuáles son todas las formas en que puedes usarla?

¿Va a aumentar su valor en unos años?

Tip número tres:

no dejes que el ego te destruya.
Este es un consejo más personal. Puedes tomarlo o dejarlo.
Pero a nadie le gusta un influencer que hace sentir mal a los demás.

Es muy fácil perder el enfoque de lo que significa tener humildad cuando todo el mundo a tu alrededor te está alabando. Ahí es donde tienes que recordar que todo esto es gracias a las personas que te ven.

Tener millones de seguidores no te hace mejor persona ni más importante.

Solo eres alguien que sabe mucho de moda y sabe cómo vender esa pasión. Y eso está perfecto.

Hablaré de esto nuevamente en unos capítulos.

Tip número cuatro:

¿Para quién estás creando este contenido?

Necesitas saber qué le interesa a tu espectador.
Una manera sencilla de hacerlo es crear una cuenta nueva y seguir únicamente a creadores que sabes que hacen contenido por ejemplo de moda del nicho que decidas.
Así entras en el algoritmo de lo que está en tendencia dentro de tu mismo tipo de contenido.

Tienes que saber qué le parece interesante a tu audiencia para que tú puedas destacar.

Se llama investigación de mercado.
Necesitas entender qué buscan las personas que te consumen para poder diferenciarte.

Por ejemplo, si estás empezando a ver un montón de chicas intentando recrear un maquillaje de Shalom Harlow, o si algo relacionado con Shalom Harlow está generando millones de vistas, un enfoque más inteligente sería hacer algo inspirado en ella. Puedes recrear un outfit de ella, buscar en internet algo que probablemente haya usado en el pasado. Al final del día, saber lo que tu audiencia está disfrutando es una gran forma de aumentar el engagement.

Y hoy en día, hay cientos de herramientas dentro de las mismas apps. Por ejemplo, TikTok Studio o YouTube Studio te muestran cuáles son las palabras clave más buscadas en tu nicho.

Así puedes saber y mantenerte al tanto de lo que está generando interacción con tus seguidores.

Tip número cinco:

si eres influencer de lujo estás jugando un juego peligroso.

No puedes poner todos los huevos en una sola canasta.
Necesitas diversificar, y rápido.
Tener contenido que se basa únicamente en hábitos de consumo vacíos no es muy inteligente. Eventualmente la gente se aburre y quiere más.

Por eso, hacer contenido basado en cuánto dinero puedes gastar no es la mejor idea. El dinero puede acabarse, y la atención de la gente también se sacia.

Por eso es un juego peligroso. Tienes que mantener al espectador babeando con cada compra que haces. Y eso no es saludable para tu billetera.

He visto influencers exitosos gastarse sus ahorros de años tratando de comprarse un Birkin. Cuando logras hacer mucho dinero de redes sociales es muy fácil perder el control. Y al final del día, obtener muchos likes y hacer compras son dos dopaminas fuertes combinadas.

Por lo tanto, combinarlas y volverlas codependientes envía el mensaje equivocado, especialmente a tu propio cerebro.

Es ahí cuando salirse del molde se vuelve útil.
Necesitas tener eso que te hace especial, eso que te hace más interesante que el resto.

Lo siento, pero solo gastar dinero no es un rasgo
de personalidad.
el objetivo es que la gente te admire. Ser un trendsetter en tu propia comunidad.

Tip número seis:

intenta algo nuevo.

No puedo decir esto lo suficiente: no copies a los demás.
Es triste y nunca termina bien.
Tienes que ser auténticamente tú.

Muestra cuánto sabes de moda. Y que no solo consumes marcas mainstream. No solo vas delante de la tendencia: tú te conviertes en la tendencia.

Esta es una idea un poco nueva, pero piénsalo:
¿cómo algo se vuelve tendencia?
Creando una.

Lo que te sugiero es que salgas, veas Paris Fashion Week, y encuentres una marca underground con la que puedas conectar tu imagen.
Así te diferencias del rebaño.

No se necesita mucho más que ser creativo y hacer tu investigación.

A la gente le encanta un momento retro donde vean que la moda vuelve... pero con un twist.

Tip número ocho:

Estoy harto de la gente que usa frases de **"old money"** como si fueran la Biblia.

Hace poco me vi un video donde alguien decía *"Extraño cuando solo la gente rica como mi abuela hacía que algo fuera tendencia..."*

¿Perdón?

¿Te refieres a cuando nadie tenía derechos?

Como creador de moda, no hay nada que me dé más cringe que las personas que empujan la narrativa de que el conservadurismo y la moda van de la mano **y todo lo demás no es moda.**

Esto se ve con influencers del trope "old money"
Pero déjame decirte algo:
La moda siempre ha estado dirigida por personas excéntricas. Los representantes más grandes de la moda fueron personas que rompieron moldes y desafiaron el concepto de lo que se consideraba "moda" en su momento.

Hacer que los demás se sientan mal por sus elecciones al comprar ropa no es el camino.

Y si esperabas que este libro promoviera una narrativa donde solo vestirse old money es valido, entonces estás en el lugar equivocado.

Aquí valoramos la libertad de pensamiento, no la uniformidad.

Y como ya dije:
No hay nada malo con elegir ese estilo.
Lo que está mal es la mentalidad que lo acompaña.

¿Por qué estamos tratando de vestirnos como esas mismas personas que intentan que todos nos veamos igual?

Aburrido.

No seas aburrido ni básico.

Amo lo que está haciendo Doechii con su estilo.
Está usando toques de officecore mientras lo combina con algo completamente abstracto y único.

Lo amo.
Le rezo cada noche.
Ese es el objetivo.

No tienes que conformarte con la mentalidad que viene con el estilo old money.
Tienes que recordar que cada quien tiene derecho a su propio estilo,
y que obligarlos a seguir una estética es un mal enfoque.

La moda es para divertirse.
No para hacer sentir mal a los demás por no poder pagarla o verse distinto.
Es un arte que debe ser apreciado por todos.

Y que existan barreras económicas no es excusa para que alguien no disfrute los lujos que existen en el mundo de la moda.

No hay nada que me moleste más que hacer sentir mal a alguien por no poder pagar algo de lujo,
o por no querer gastar su dinero en lo que tú consideras "el mejor estilo".

Tip número nueve:

Si quieres gastar dinero en tu closet encuentra una forma de ganar dinero rápidamente.

Tus hábitos de gasto solo pueden mantenerse por cierto tiempo. Y eventualmente, se van a agotar.

Si tú mismo te etiquetas como un influencer de moda, tiene que haber una fuente de ingresos directa.
sí… **necesitas trabajar.**

Por eso, te recomiendo encontrar una forma de recuperar ese gasto.
A menos, claro, que hayas nacido con, no sé… una fortuna de mil millones de dólares, entonces **ignora todo esto**.

Tienes que ser inteligente.
Sí, mostrar la nueva cartera de Louis Vuitton puede darte un millón de likes…
pero si tu contenido se basa únicamente en mostrar artículos nuevos y caros, entonces debe haber una fuente de ingresos detrás.

A tu comunidad le da igual si compras lujo o no:

Si sabes que tus seguidores aman los artículos caros pero no puedes permitírtelo en ese momento, entonces es la oportunidad perfecta para conectar con otro tipo de consumidores como los de tiendas de segunda mano, ellos verán el contenido por ti no por lo que compras.

Una buena opción para monetizar es directamente con tu base de fans. Crea un producto, Te lo digo por experiencia incluso micro influencers con menos de 1000 seguidores venden.

Pero por favor: nunca jamás compres un producto que cuesta $0.0001 en una pagina china y lo revendas en $300. Tus seguidores no son tontos, lo descubrirán.

Piensa de forma inteligente.
Y planea a futuro.

Sí o sí necesitas encontrar una forma de monetizar tus hábitos de consumo. Pero, *¿sabías que muchos influencers de moda no gastan tanto en su ropa como parece?*

Como destacar
Sin ningún tipo de presupuesto

**Creadores de moda alternativa /
influencers de moda no-lujo.**

¿Qué es un creador de moda alternativa?

Bueno, probablemente ya lo adivinaste por el nombre: no se conforman con los estándares típicos de lo que "debería ser" un influencer de moda.

Este tipo de creador no es lo que el público en general tiene en mente cuando piensa en alguien que crea contenido de moda. *¿Cómo esta persona va a hablar de estilo si ni siquiera puede comprarse una cartera Gucci?*

Bueno, aquí es donde te digo que el dinero no lo es todo para ser creador de moda, y mucho menos para tener buen gusto.

Solo necesitas una mente creativa y dedicación.
Muchas personas creen que para tener influencia en la comunidad de la moda hay que mostrar todas las compras que hiciste esa semana.
Eso es una falso.

Hay muchas formas de crear contenido de moda con poco presupuesto.

Al final del día, el dinero no compra el gusto.
Y si tú tienes buen gusto —o al menos sientes que lo tienes— entonces compártelo con el mundo.

Que no te dé pena.
El cringe es el asesino del influencer.

He conocido personalmente a muchas personas con un gusto impecable...
y aun así les da demasiado miedo mostrar su talento.

Piensa cuántas personas no estarían donde están ahora si les hubiese dado cringe hacer contenido.

Como creador de moda alternativa, por default, eres considerado un creador de contenido de nicho.
Pero no te preocupes, porque aunque eso suene como algo limitante, puede ser extremadamente poderoso.

Tienes que saber quién va a consumir tu contenido:
personas que quieren vestirse más grunge, o más high fashion, o personas que quieren vestirse con bajo presupuesto.

Al final del día, hay infinitos tipos de videos que puedes crear desde una perspectiva distinta en moda.

Hoy más que nunca, la gente está sedienta de autenticidad.
¿Y qué mejor forma de mostrarla que con tus videos?

¿Por qué existen los creadores de moda alternativa, y por qué son importantes?

Como en casi cualquier industria, **se necesitan todas las partes para que la máquina funcione.**
Sin este tipo de creadores, no habría espacio para la innovación.

Muchas veces, las tendencias nacen de **grupos underground**, personas que adoptan una estética primero,
hasta que eventualmente el público general se contagia.

Por eso, te animo a que entiendas **la importancia de valorar tu perspectiva creativa.**
La forma en que te vistes y creas contenido sobre eso puede, a largo plazo, ser **muy beneficiosa.**

Las tendencias tienen que nacer de algún lado.
Por lo tanto, tú como creador puedes sacar el máximo provecho de eso. Aunque te advierto: existe esa frase popular que dice **"entre más aprendes de moda, peor te empiezas a vestir para el ojo del público general."**

Ten cuidado con ese fenómeno.
Mi recomendación: **mantén el equilibrio.**

Al menos sí quieres conseguir seguidores y **monetizar eventualmente.**

Así que mi sugerencia es que siempre tengas presente que, a veces, irte demasiado lejos o demasiado de nicho puede ser **un arma de doble filo.**

El tema central de un creador alternativo es empujar los límites de lo que es considerado "normal" cuando se trata de estilo.

La originalidad es altamente valorada, ya que es **la forma más pura de mostrar tu personalidad a tus seguidores.**

¿Qué tipo de contenido puedes crear si estás empezando como creador alternativo?

Existen **tantos enfoques posibles**, porque a diferencia del influencer de lujo típico, tú puedes romper el molde constantemente **y salirte con la tuya**.

No tienes miedo de ser diferente.
De hecho, **usas tu rareza para destacar.**

aquí es donde puedes **convertir eso en tu mayor ventaja.**

Puede que no haya muchas mentes que piensen como tú, pero eso es precisamente lo que **te puede llevar más lejos.**

Al final del día, **puedes hacer muchas más cosas y divertirte mucho más con esto.**

Algo que he notado sobre la moda es que la mayoría de las personas que dicen no gustarles,
es porque nunca se sintieron incluidos.

La moda se enorgullece de esa actitud de: *"si lo entiendes, lo entiendes; si no, no."*

Ok, tal vez un diseñador con marca exitosa puede salirse con la suya comercializando colecciones rarísimas…

pero tú necesitas realmente construir una comunidad.

Necesitas tener tanta personalidad en tu contenido como en tu outfit.
Tienes que mantener la atención, porque hoy en día en internet, el watch time es lo único que importa para el algoritmo.

Aquí tienes algunas ideas reales de contenido para quienes están comenzando pero no tienen los recursos ni la claridad para hacerlo:

Muestra cómo compras con poco presupuesto :

Esta es una idea increíble para aquellos creadores que están constantemente vistiéndose increíble pero con un presupuesto ajustado.

El *gatekeeping* no te va a llevar muy lejos, porque la gente te está viendo para aprender a vestirse más como tú.
Así que guardar información no te va a dar una audiencia de consumidores.

Mostrarle a tus seguidores cómo pueden identificar productos de buena calidad por el precio que están pagando.
La mayoría de la gente no tiene idea de qué va a durar y qué no.

Así que mostrarles cómo pueden consumir de forma consciente, como tú, puede ser una gran forma de enseñar a tu audiencia que ama la moda sin tener que vender su casa.

El contenido de tiendas de segunda mano es una mina de oro cuando se trata de armar outfits.

Cuando los tiempos son difíciles, especialmente como ahora, ¿por qué no mostrarle a la gente que, a pesar de no estar en una posición donde puedan consumir moda de una manera que no los estrese o preocupe, aún pueden vestir bien?

Esta es una gran forma de generar una base de seguidores saludable.
La gente necesita admirar tu punto de vista sobre la moda, y una forma de lograrlo es mostrando que no es tan difícil vestirse o comprar como tú.

Puedes encontrar una forma de ser identificable sin tener que gastar un montón de dinero.
La mayoría de la gente no puede comprar una cartera de $2,000.
Por lo tanto, tú puedes llenar ese vacío en el mercado que muestra cómo se puede mantener un estilo de vida con moda sin irse a la quiebra.

Así que, después de este capítulo, quiero que tomes un bus hasta tu tienda de segunda mano más cercana y armes un outfit increíble solo para mostrarle a tus seguidores (o futuros seguidores) que tienes el suficiente buen gusto como para crear un look hermoso.

Diviértete con eso, y al final del día, la moda se trata de experimentar.
¿Por qué no compartir tus experimentos?

Se la fuente de inspiración :

Ser una fuente de inspiración estética es mucho más poderoso de lo que podrías pensar.
Crear una base de seguidores que admire tu estilo personal es lo mejor que puedes hacer.

Una forma de lograrlo es usando el clásico *"Get Ready With Me"*.
Es una forma maravillosa de conectar con tus seguidores, mientras también les permites aprender de ti.

Además, les estás dando una vista en primera fila de cómo tu tren de pensamiento procesa lo que vas a vestir.

No uses canciones tontas y de moda solamente.
Aunque pueden funcionar por un tiempo mientras te vistes, **no es la mejor manera de crear una base de fans que te quiera por ti**.

Hablar mientras te vistes es una forma maravillosa de lograr que la gente conecte contigo mientras estás en el proceso.
Al final del día, la mayoría de la gente te recuerda mucho más cuando hay una personalidad hablándoles.

Y sinceramente, un *get ready with me* es una forma hermosa de encontrar una manera de conectar y ser identificable con tu audiencia.

Lo mejor de todo es que no tienes que hablar solo sobre la ropa que llevas puesta.
Puedes hablar de lo que sea.

Si estás explicando que vas a la playa con tus amigos y por eso elegiste ese outfit, eso es perfecto.
No solo estás dando consejos sobre cómo vestir, también estás yendo a la playa, pero además estás dándoles un poco de visión de quién eres como persona.

Al final del día, la gente no te conoce, o al menos no te va a conocer si solo estás usando canciones virales encima de tu video de *get ready with me*.
Y yo no soy de decirle a la gente cómo hacer contenido (**guiño guiño**),
pero por favor, por favor: **no seas aburrido**.

No puedes ser aburrido.
Al final del día, el trabajo de un influencer es entretener.

Necesitas que la gente quiera verte y saber por qué les gustas.
Ya sea por tu impecable sentido del estilo, tus comentarios graciosos mientras te vistes, o incluso *ambos*.
Necesitas lograr que la gente quiera verte y recordarte, para que empiecen a verte como una fuente de inspiración.

Tu meta es que cuando la gente piense en un estilo o en vestirse de cierta forma, piensen en ti.
Necesitas que las personas identifiquen tu estilo de creación.

En un océano lleno de gente intentando lo mismo, necesitas **salirte de la corriente** y dejar que tu personalidad sea el bote que te lleve al éxito.

Otra idea popular de contenido es un *"Un-get ready with me"*, que es lo opuesto a un *get ready with me*, y que es una forma maravillosa de tener más contenido del cual hablar, seria básicamente pasar de tu traje elegante a una pijama mientras cuentas como te fué.

Piénsalo.
Muchas veces piensas en lo que pasa **durante el evento** y no **antes**.

Si notas que tus vistas están bajando repentinamente, lo más probable es que simplemente *no estás conectando bien con tu audiencia.*

Y si realmente quieres subir ese engagement, relaciona ese outfit que estas usando con algo que esté viral, o con algo de lo que todo el mundo esté hablando .

Odio romper esa burbuja pero ser bonito con buen gusto para vestir ya no es suficiente. Necesitas hacer que la gente conecte con esa versión auténtica de ti mismo.

Y sí, más fácil decirlo que hacerlo.
Pero realmente piensa en tu fashion creator favorito, y no los influencers tradicionales.

Dime, ¿en qué piensas?
Por supuesto, en su personalidad o su estilo.

Habla al espejo de mil maneras, háblate al espejo cada día en la mañana, encuentra tu personalidad.

Se la fuente de información o confirmación.

La mayoría de las personas necesitan encontrar una **fuente de información** para confirmar que la forma en la que quieren vestirse es socialmente aceptable.
Puedes hacer mucho simplemente con mostrar abiertamente **cuál es tu referencia de estilo.**

La mayoría del tiempo, la gente dice que no le gusta algo simplemente porque **no lo entiende.**
Por eso, puedes asumirlo como tu tarea: informar a otros sobre **cómo pueden vestirse mejor.**

Darles las herramientas necesarias para vestirse bien es una de las **mejores cosas que puedes hacer** para ayudar y para que crezcan contigo.

Ser una especie de tablero de Pinterest ambulante puede abrirte la puerta a muchísimas oportunidades, y ayudar a otros a tener esa visión también puede llevarte muy lejos.

Tú te conviertes en la referencia, y **tocas a otras personas**, mostrándoles cómo también pueden romper el molde si te siguen.

Tienes ese ingrediente especial y secreto que **solo tú sabes cómo usar en tus videos**, y que vas a enseñarles a tener también si quieren vestirse como tú.

Eres su fuente de información cuando se trata de encontrar una referencia sobre cómo vestirse, y **transmitir ese conocimiento y compartirlo con tu comunidad** hará que ellos también se sientan inspirados y aprendan de ti.

¿Quién sabe a dónde podrías llegar?
Podrías estar marcando la próxima gran tendencia en la moda.

Todo el mundo cree que para ser influencer de moda necesitas ser rico.
Eso está más equivocado de lo que te imaginas.

Esta frase me encantó :
"Todo el mundo cree que para ser influencer de moda necesitas ser rico. Eso está más equivocado de lo que te imaginas"

(excelente oración para decirla al inicio de un video; no?)

El dinero no puede comprar el buen gusto.
Ser un influencer *underground* es mucho más difícil, pero **no es imposible**.

Tienes que estar orgulloso del contenido que estás generando. No tiene que ser el más pulido, pero al ponerte ahí afuera, ya estás colocándote **por delante del resto**.

El dinero no es igual a buen gusto.
No puedo repetir esto lo suficiente.

No te sientas inseguro al crear contenido solo porque no tienes dinero.
Hay muchas formas de crear looks sin gastar. Incluso puedes ir a tu clóset y mostrar seis combinaciones distintas del mismo suéter.

Hay tantas formas de enseñar a las personas a estilizarse con casi ningún presupuesto. Estoy seguro de que hay muchísimas personas que **no pueden salir de compras cada dos días**.

Por lo tanto, **tú puedes llenar ese vacío** y enseñarles cómo pueden vestirse como tú sin tener que gastar toda esa plata.

Cómo con el mismo suéter pueden lograr distintos estilos, sin tener que comprar otro.
O cómo con una sola camisa o un pantalón puedes llegar muy lejos.

Al final del día, **sentirse mal por no poder comprar artículos de lujo no te va a funcionar.**

Tienes que trabajar con lo que tienes para poder alcanzar a las personas a las que realmente quieres llegar.

Empezar desde lo pequeño puede ser muy beneficioso. Puedes escalar hasta convertirte en el influencer de moda ultra lujoso. Pero si no tienes los fondos, igual necesitas crear contenido que la gente disfrute.

Al usar los recursos que tienes disponibles, puedes crear **una comunidad sólida** de personas que admiren tu visión sobre la moda. Tu propia perspectiva, algo para que otros consuman.

Si logras aprovechar esa perspectiva y encuentras una forma de explicarla sin confundir, y además logras entretener a tu audiencia, entonces **ya lo tienes**.

Solo investiga bien, entiende quién es tu consumidor clave, qué va a comprar y **qué quiere ver**.

Ser un influencer de moda de bajo presupuesto es difícil. Pero si logras conectar con tu nicho, entonces vas a ser **imparable**.

A la gente le encanta la **originalidad y la autenticidad**.
No copies el estilo de otra persona.
En vez de eso, **encuentra una forma de transformarlo en algo tuyo**.

Entender tu nicho y **en qué subestilo te categorizas** también es importante.
Haz tu investigación interna y descubre **a qué subcultura de estilo perteneces**.

Eso puede ayudarte mucho a ti y también puede **ayudar a tu comunidad a crecer de forma sustancial y exponencial.**

Al final del día, usar un nicho ayuda a que tu audiencia base **te identifique más rápido**.

Por ejemplo, si eres de esas personas que necesitan usar ropa ancha, grunge,
no hay nada de malo en saber **a qué categoría de estilo perteneces**.

De hecho, **es muy importante**.

Vestirte ancho incluso puede ser un homenaje a tu cantante favorita, como Billie Eilish.
Y si esa es tu referencia, puedes incorporar esa esencia en tu contenido.

Nota adicional:

También puedes eventualmente **evolucionar** y convertirte en **ese creador que también es considerado de lujo**.
Es muy importante notar que eso es diferente al influencer de moda tradicional.

He visto a muchos creadores que, **después de años de dedicación**, comienzan a ver los frutos de su trabajo.
¿Qué significa esto?
Que tal vez, en lugar de comprar chaquetas de $5, **por fin pueden comprarse ese blazer de Balenciaga**.
Sigue teniendo la **misma esencia de ser underground y diferente**, pero también es más costoso. Y eso está totalmente bien.

Solo recuerda: si no empezaste así, **no hay daño alguno en volver a tus raíces** y siempre ser una fuente de referencia de estilo.

La gente necesita admirarte por la forma en la que te vistes para que puedas influenciar a tu comunidad.
Eso aplica para **todo tipo de creadores de moda.**

Todo esto está basado en **experiencias que he tenido creando contenido** y también hablando con creadores de contenido de moda exitosos al rededor del mundo.

Recuerda que, cuando estás comenzando, **nunca vas a ser perfecto.**
Esto es de prueba y error, y se trata de descubrir **qué es lo que tu comunidad más va a disfrutar** de tu estilo y de lo que tú aportas.

La versión de ti
que deja huella

Hay que tener un fuerte sentido de identidad, tanto visual como de personalidad.

¿Qué significa esto realmente?

Tienes que tener **una identidad visual**, con la que puedas jugar y cambiar con el tiempo,
pero que también represente un **estilo fuerte en la forma en la que te presentas**.

Eso es tener una identidad visual, para que tus seguidores puedan **distinguirte**. Créeme, tu imagen importa.

Algo visual que te **diferencie del resto**.

Tener una marca única puede ayudarte a crear una comunidad que te aprecie por tu imagen.
Lo mejor, puedes ser acreditado por ese estilo, o que tu imagen sea **asociada con él.**

Por ejemplo, cuando vemos a una estrella pop, hay **elementos clave** que conforman a cada artista.
Sabrina Carpenter se viste muy diferente a Selena Gomez porque **tienen marcas personales distintas.**

Sé como la pop star y usa los estilos para construir tu branding personal.
Como Sabrina, que **ha hecho suyo el color celeste**.

Necesitas encontrar cosas clave que hagan que la gente **te identifique de inmediato**.
Si eres la chica que siempre necesita usar un moñito rosa en todo, ¡entonces que así sea!

Se llama branding.
Y cuando se trata de moda, **todo es sobre branding y categorización**.

Piensa como una pop star y usa el branding personal a tu favor.

Ten algo que sea tu sello.
Y si tu estilo **no es suficiente**, siempre puedes añadir algo llamado **personalidad**.

Tener cosas únicas que **solo tú haces en tus videos**, ya sea una frase que siempre digas,
o algo loco que siempre hagas en todos tus videos.

Tener algo que se le quede a tu audiencia, que les haga sentir parte de tu energía.
Una **frase pegajosa** es el ejemplo perfecto de cómo lograr que la gente se suba a la ola que estás montando.

Así, **pueden identificarte de inmediato**.
Destacar por tu personalidad puede llevarte muy, muy lejos.
Puedes **captar la atención del espectador** mientras creas una asociación con tu marca personal.

Cuando digan esas palabras, vendrán **recuerdos tuyos como una avalancha**,
muy parecido a lo que pasa con una estrella pop.

Por eso, me gustaría invitarte a **visualizar mentalmente a tu cantante favorita** y decirme:
¿Qué es lo primero que notas sobre ella?

Por supuesto, recuerdas **su imagen visual y la persona que ha logrado construir.**

Tener una imagen visual que permita que alguien **te identifique rápidamente** es una gran herramienta cuando se trata de creación de contenido de moda.

No te estoy diciendo que salgas y te tiñas el cabello de morado.
Si **no eres ese tipo de persona**, entonces está completamente bien.

Pero estoy seguro de que hay algo en tu personalidad o en tu apariencia visual que puedes usar para destacar.

Por ejemplo, si amas las uñas largas y locas, **tal vez eso puede ser tu sello.**
Tal vez eres la chica de los accesorios grandes y llamativos: perfecto.
Eso es lo que **te hace diferente.**

Sé un creador de tendencias.

No hay mejor consejo que pueda darte que **ser tu propio creador de tendencias** y estar en tu propio elemento.

Nadie puede bajarte si tú eres quien establece la vara de tu estilo,
y lo haces con tu branding personal.

No necesitas seguir lo que está de moda.

Primero, porque es una pérdida de tiempo y dinero.
Si intentaras seguir cada microtendencia, **te quedarías en bancarrota.**

No hay nada de malo en seguir tendencias, **especialmente si son las que te gustan**,
pero **no puedes depender de eso como tu estilo personal.**

No es cool ser solo un "copy-paste",
porque entonces **no estás influenciando, estás siendo influenciado**
y mostrando tus hábitos de consumo.

Sentirte orgulloso de ser alguien que crea tendencias a largo plazo es mucho más rentable.
Tú eres el creador de tendencias.

Y esto es difícil.
No voy a decir que es un camino fácil.
Pero si se hace bien, **puede dominar el mercado.**

Al mostrar un sentido de individualidad,
le estás diciendo al espectador que, aunque conoces las tendencias y sabes del tema,
aún eliges tener tu propio sentido de identidad.

En un mundo repleto de fast fashion todo se mueve tan rápido que es **imposible seguir el ritmo.**

Es tu trabajo, como influencer de moda que quiere destacar y ser diferente, simplemente no caer en todas las modas pasajeras.
Como ya dije, no hay nada de malo en probar tendencias, pero conocer tu punto de vista y tener tu propio estilo
te dará una base de fans más sólida.

Y sí, llega un punto en la vida de toda persona (especialmente los interesados en moda)
en el que su estilo cambia. La gente evoluciona, y también sus opiniones sobre qué se ve bien y qué no.

Tu estilo debe ser interesante, y también lo que tú consideras que es **la próxima gran cosa.** Y para eso, tienes que experimentar.

Tal vez en unos años te preguntes:
¿qué carajo estaba pensando?
Pero tienes que aceptar que es parte de tener un **sentido de identidad propio.**

Y eso es lo que los demás también pueden llegar a seguir.

De nuevo, **solo se necesita una persona para iniciar toda una ola de lo que se considera tendencia.**

Incluso Kylie Jenner en su momento revolucionó todo con sus labios
y eventualmente sacó su propia marca en base a eso.

Puede parecer difícil considerando que todos **quieren ver algo nuevo todo el tiempo.**
Tienes que balancear eso con la realidad de que **no siempre seguir al rebaño es el camino,**
especialmente cuando se trata de crear contenido.

Aporta más a la mesa…

No hay nada que pueda matar más tu engagement que hacer exactamente lo mismo una y otra vez. Ahora, hay una diferencia entre contenido en formato de serie y contenido que simplemente es una repetición de sí mismo. Empezar los videos con el mismo gancho puede ayudar al espectador a entender que hay familiaridad y que tiene algo que ver con el último video que le gustó. Pero si básicamente es el mismo outfit con la misma historia, eventualmente puede volverse aburrido.

Los videos en formato de serie que son similares en estructura y que incluso pueden tener paralelismos como la misma introducción, son muy diferentes a repetir lo mismo una y otra vez. Siempre necesitas aportar algo nuevo a la mesa.

Piénsalo como cuando comes lo mismo todos los días en el desayuno hasta que eventualmente te cansas de ello, o escuchas la misma canción hasta que ya no puedes más. Es una condición humana extraña el gustarte algo y luego de repente no gustarte para nada. Este es un tipo de fenómeno también puede pasarle a los creadores de contenido.

Así que lo que recomiendo es intentar destacar y salir de ese **vacío repetitivo.** Necesitas romper con el patrón que crees conocer cuando se trata de creación de contenido. No puedes hacer el mismo get ready with me en el mismo lugar con la misma historia aburrida. Debes ser innovador para ser visto.

Si sientes que tu ropa no es suficiente, entonces siempre puedes incluir algún tipo de maquillaje. Tal vez una especie de pre-get ready with me. Tal vez un poco más de vlog. Experimentar no debería ser algo que el creador de moda tema. En cambio, *debería ser algo que se abrace.*

Porque sin creadores de moda encontrando nuevas formas de mostrar su ropa, no tendríamos nuevas personas creando contenido ni compartiendo sus ideas.

Siempre me ha parecido extremadamente interesante cómo el internet creó una plataforma que permite a tantos individuos difundir sus ideas y cómo pueden expandirse tan rápidamente. Por ejemplo, toda la tendencia de usar caminadoras para mostrar tu ropa. Si estás confundido sobre lo que estoy hablando, básicamente es toda la tendencia donde los creadores de moda con mucha ropa se suben a una caminadora, una pequeña, no una grande, y caminan y caminan, y cada pocos segundos cambian lo que llevan puesto. Es una forma muy fascinante en realidad y realmente entretenida de ver cómo los diferentes tipos de creadores traen sus ideas a la mesa.

Siempre analiza qué puedes hacer mejor, porque siempre hay algo que se puede mejorar. Experimentar es la mejor manera de abrir esa puerta para explorar nuevas formas de hacer contenido. Si lo piensas bien, la mayoría de los cantantes, artistas, o todos los anteriores, eventualmente tuvieron que experimentar para tener un gran avance.

Uno de mis tipos favoritos de contenido de moda son las transiciones

Esa es una forma súper divertida de jugar con tu ropa para cautivar a una nueva audiencia. Puede que sea mucho trabajo, pero al final del día es una forma maravillosa de creación de contenido que puede impresionar a toda una nueva audiencia.

No te conformes, así como no te conformas con la ropa. ¿Por qué te conformarías con las restricciones de lo que define la creación de contenido? Diviértete con eso y empuja constantemente tu propio límite creativo. Las normas sociales no te llevarán muy lejos cuando se trata del internet.

Aportar esa autenticidad, como usar diferentes tipos de fuentes en tus subtítulos y videos, puede llevarte mucho más lejos. Nadie quiere ver una versión diluida de la idea de otra persona, y si tienes la intención de usar la idea de otra persona, entonces más vale que te asegures **de hacerlo mucho mejor.**

La moda es una industria que ha sido fundada en la capacidad de las personas para experimentar con la ropa, y al final del día, alguien tuvo que salir a la calle usando una prenda específica para hacerla popular. Ya sea por funcionalidad o por estilo, poder difundir tu conocimiento es una habilidad que se puede perfeccionar.

No te rindas, solo sigue adelante.

Sé que puede parecer muy difícil porque todos parecen estar haciendo un gran trabajo cuando se trata de creación de contenido, pero debes mantenerte consistente.

Nunca sabes cuándo vas a tener tu gran momento, **pero si te detienes, nunca lo sabrás.**

Lo peor que puedes hacerte a ti mismo es rendirte y no llegar hasta el final. La mayoría de las personas no comienzan con una comunidad perfecta. Proviene de años de cultivo, así que no te compares.

Algo que siempre les digo a los creadores que están comenzando es que una de las **peores** cosas que puedes hacer es *compararte con los logros de otras personas.* Eso solo te va a frenar y no te permitirá crecer como persona y mucho menos como un creador de contenido exitoso.

Necesitas reconocer y admirar tus fortalezas. Tienes que saber que tú eres la única persona que puede representar el talento que eres, así que no te falles a ti mismo.

Todos están trabajando hacia una meta diferente, lo que significa que todos van a ir a un ritmo distinto. No te autodestruyas por el hecho de que no estás logrando lo que alguien más está logrando. Muchas veces no ves el esfuerzo que hay detrás de lo que querían lograr o **cuánto tiempo pasaron tratando de alcanzar esa meta.**

Necesitas cultivar tu canal y seguir haciéndolo crecer. Odio ser un cliché, pero **Roma no se construyó en un día**, por lo tanto, date algo de tiempo para cometer errores. Sé que he cometido muchos errores como persona y como creador de contenido, pero eso me ayudó a aprender cómo hacer un mejor trabajo, y ahora que apenas tengo 21 años, estoy seguro de que habrá muchos más errores por venir, pero aprendo de ellos y trato de usarlos para mejorar como creador de contenido en general.

Si todos no cometiéramos errores en el camino de la creación de contenido, entonces **no habría espacio para la mejora**. Se trata de subir la barra para ti mismo y encontrar maneras para que tu comunidad sea mejor, y eso no es compararte con los demás.

Créeme cuando te digo que compararte con otros creadores solo hace que la creación de contenido sea mucho más difícil. Es como envenenarte a ti mismo y no permitirte avanzar. **No debes rendirte.**

Puede parecer desmotivante sentir que tu contenido no está construyendo una comunidad, pero necesitas entender que cuando creas contenido, toma un tiempo conseguir un acuerdo de marca o generar una gran base de fans.

Tienes que ser paciente. El primer video que publiques podría ni siquiera hacerse viral, pero el camino a largo plazo es uno de los juegos más inteligentes que puedes jugar.

Puede que no veas todos los resultados que deseas el primer día o incluso la primera semana. Necesitas comenzar a construir una comunidad. Recuerdo que cuando comencé, era básicamente como construir una casa de lego. Comienzas por la base, y antes de darte cuenta, después de ensamblar pieza por pieza, tienes toda una comunidad de personas interesadas en la misma moda o estilos que tú.

Nadie dijo que ser un creador de contenido exitoso sería fácil. Debes dominar el arte de la paciencia, porque muchas veces haces algo en lo que pusiste mucho esfuerzo, editaste ese video durante horas, sentiste que superaste tus límites, y puede que no pase nada. Y luego, algo tonto o una idea tonta puede hacerte conseguir millones de vistas.

Por supuesto, si te mantienes fiel a tu comunidad, tienes más posibilidades de que te vaya bien. Pero lo que intento decir es que no te rindas, porque publicar una vez al día puede llevarte muy, muy lejos.

Valorar tu comunidad.

Debes conocer el valor de apreciar a tus fans, porque al final del día, ellos son quienes te pusieron ahí. Nadie quiere apoyar a alguien que es ingrato con sus fans o que los trata mal. *Tienes que amarlos.*

Tener valor por las personas que te impulsan es una de las mejores cualidades que puedes tener como creador de contenido. No hay peor sensación que cuando tu ídolo, que te enseñó cómo vestirte, te hace sentir mal por lo que llevas puesto.

No hay nada que me rompa más el corazón que cuando escucho personas decir que no soportan cuando sus fans se emocionan por conocerlos. Para mí, eso muestra un nivel de disociación y cierta ingratitud hacia las personas que activamente te están ayudando a crecer como individuo.

Entiendo que todos tenemos nuestros malos días, pero realmente no hay excusa para tratar mal a las personas que te admiran. De nuevo, se te permite tener malos días y no querer hablar con nadie, pero tienes que entender que tu trabajo está basado en tu personalidad. **La gente tiene que gustarte.**

Al final del día, los consumidores quieren saber de quién están comprando, a quién están consumiendo. Necesitan conectarse contigo, y si logran esa conexión y un día llegan a reconocerte en la calle, no es la mejor idea rechazar de inmediato a alguien solo porque no lo conoces.

Pero si son fans, entonces es casi **tu responsabilidad** estar a la altura de la persona que ellos conocen y aman desde las redes sociales. Tienes que mostrarte igual con tus fans detrás y delante de la pantalla, porque si no lo haces, fallarás, y el valor de tu comunidad se desplomará. Solo se necesitan un par de experiencias para que las personas comiencen a darse cuenta de qué tipo de persona eres realmente.

Si conoces el valor de tu comunidad, entonces ya estás listo para toda la vida. En el sentido de entender cuánto vale una comunidad de seguidores, **no puedes regalar tus ideas**.

Al final del día, puede parecer fácil hacer un video viral, pero **no es tan fácil como la gente cree** obtener millones de vistas de manera constante, especialmente cuando se trata de vender un producto.

Tienes que entender que **una base de fans vale muchísimo dinero**.
No puedes regalar tu trabajo duro.
No cometas los mismos errores que yo cometí cuando comencé mi carrera como influencer.

Cuando empecé, tenía tantas ganas de comenzar a crear contenido y tener una oportunidad de que los equipos de marketing me notaran, que en realidad **estaba dispuesto a regalar mi trabajo** por un poco de atención de algunas de estas marcas, con la idea de que **eventualmente me contratarían** en el futuro.

Voy a ser completamente honesto contigo: **la mayoría de esas oportunidades prometidas no llevaban a nada.**
Sí, tal vez algunas veces la marca podría contratarme, pero **en su mayoría era una relación basada en publicidad gratuita**

a cambio de la posibilidad de que me contrataran cuando aprobaran el presupuesto o a cambio de unos zapatos o ropa que, seamos honestos, **no pagan las cuentas**.

Créeme cuando te digo que **he recorrido ese camino antes**, y créeme cuando te digo que lo más probable es que **se estaban aprovechando del hecho de que yo era joven y apenas estaba empezando**.

En ese momento no parecía gran cosa, hasta que eventualmente me di cuenta de que en el futuro, **cuando intenté establecer un precio estándar por mi contenido**, las marcas **ni siquiera se molestaban en contestar el teléfono**.

"¿Cómo se atreve a cobrar por las ventas y publicidad que le va a dar a la marca?"

No estoy bromeando cuando te digo que **tengo los videos con más vistas de toda la plataforma de TikTok para varias marcas de moda**, videos de más de **15 millones de vistas**, y **las marcas no me pagaron porque no sabía cómo negociar mejor los acuerdos**.

Era demasiado ingenuo y pensaba que haciendo tantos favores a las marcas, **eventualmente sería recompensado por mi buen comportamiento**.

Encima de todo, **las marcas se enojaban conmigo** porque querían exclusividad, **aunque ni siquiera estaban pagando**.

Créeme cuando te digo que **necesitas dominar el arte de la negociación**. Tienes que poner tus cartas sobre la mesa y demostrarle al patrocinador por qué debe pagarte y por qué tú estás generando ventas para ellos.

Tienes que confiar en que tu comunidad te va a comprar.
Eso si ya tienes una base de seguidores.

Incluso si no crees que sea tan grande, piensa que si 100 personas gastan $10 en algo que tú recomiendas, son $1,000.

Así que la próxima vez que hagas una propuesta a una marca, piensa que tu motivador es pedir o alcanzar **esa meta financiera**, y **ese es tu fanbase**.
Ellos son **tu boleta de calificaciones** que demuestra por qué tu contenido tiene valor real.

Influenciar desde la información, *no desde el outfit*

El Creador de contenido que hace periodismo de moda.

Ok, esto es para los creadores que **realmente tienen una pasión por aprender sobre moda** y están obsesionados con compartir ese conocimiento con los que los rodean.

Este tipo de creador, la mayoría de las veces, se caracteriza por un par de elementos clave.
Por lo general, su contenido se basa en **informar a una comunidad** sobre un nicho específico o incluso sobre la cultura pop en general.

Supongo que podría decir que **yo encajo en esta categoría de creador**, porque gran parte de mi contenido consiste en informar a mi comunidad sobre moda.

Aunque cuando empecé a crear contenido de moda con la intención de informar a otros, siempre **tuve la intención de mantenerme entretenido y que mi información no fuera aburrida.**

La mayoría de la gente encuentra aburrido aprender sobre algo que no le interesa,
lo cual es completamente normal.

Las personas tienen derecho a tener diferentes tipos de intereses y puntos de vista.

Pero aquí es donde **realmente tienes que darle la vuelta al guion**
y hacer que lo que te parece interesante a ti **también lo sea para tus seguidores.**

Realmente tienes que lograr que las personas que ven el contenido **conecten con lo que tú estás conectado también**.

Mi forma de diferenciarme fue estar genuinamente emocionado por el tema,
lo que permitió que aquellos que no estaban tan interesados en la moda también se interesaran.

Abrí la puerta tomando cosas que tal vez la gente pensaba que no eran interesantes
y convirtiéndolas en algo que **sí podían disfrutar**.

Claro, es más fácil decirlo que hacerlo,
pero hay formas de **dominar el arte de comunicar información.**

Mi estrategia me permitió ganar el premio a mejor tiktoker de moda hace un año, así que te puedo dar todo el consejo sobre cómo ser un influencer informativo exitoso, específicamente en moda.

¿Cuál es el propósito de ser un influencer informativo de moda?

Bueno, supongo que podrías ver los otros nichos de moda como más interesantes…

pero tu opinión dentro de este tipo de contenido **puede ser realmente poderosa, más de lo que crees**.

La gente te ve como **una fuente de información**, alguien a quien admiran para poder aprender más sobre el tema que aman.

Sí, otras categorías suenan divertidas, pero en esta realmente puedes **explorar temas** que normalmente otros influencers no pueden abordar con profundidad.

Aunque te advierto que esto es una **espada de doble filo**, porque debes verificar los datos que compartes.

No quieres ser conocido como el influencer que siempre da información falsa.

Recuerda, el objetivo es que la gente quiera ver tu video sobre ese tema porque **les informas cuando tienen curiosidad al respecto**.

Debes ser **muy selectivo con tus fuentes de información** y tienes que saber cómo comunicarla.

Tienes que ser **muy útil**, porque la mayoría del tiempo este contenido proviene desde una **perspectiva personal**, por lo tanto, puede estar abierto a malinterpretaciones.

Debes ser **muy claro con el mensaje** que planeas transmitirle a tu audiencia.
Tu opinión podría ser tu perdición, por eso debes ser muy meticuloso con lo que dices.

Yo nunca decidí tomar el camino de la crítica de moda porque siempre he creído en **incluir a las personas dentro de la moda**, pero hay muchos tipos de periodistas, y muchos tipos de creadores de contenido de periodismo de moda.

Por ejemplo, **yo me categorizaría como un influencer informativo de moda pop**.
Hablo sobre lo que están usando las celebridades, campañas en las que han participado, y momentos icónicos que han tenido, siempre con el ángulo de entretener a la gente de manera positiva.

Y aunque empecé como muy family-friendly, he expandido un poco hacia aguas más arriesgadas, pero **nunca con la intención de criticar** y **siempre con la intención de elevar.**

Eso siempre fue algo que tuve en mente al buscar marcas. Al final del día, se llama "comercial" por una razón, y es porque los patrocinadores **no van a contratar a alguien que hace que los productos se vean mal.**

Por eso siempre he optado por quedarme del lado seguro del periodismo de moda:
hablar de cosas que están pasando en el momento y **encontrar formas de vincularlas con mi nicho** ha sido siempre algo en lo que **he trabajado muchísimo.**

Diría que mi contenido está centrado en **elevar a aquellos que están interesados en la moda,** rara vez dejando de lado a quienes quieren adentrarse en el tema.

Pero también hay otros tipos de influencers informativos que **tienen diferentes ángulos** cuando se trata de crear contenido.

Otro ejemplo del creador de moda es el **crítico de moda**, un clásico.
Siempre ha existido la persona a la que le gusta la moda y la persona que hace que los demás cuestionen su gusto.

Estos son los tipos de creadores de moda que normalmente **se enorgullecen de tener el mejor sentido de la moda**, y que nadie la conoce mejor que ellos.
La mayoría del tiempo, hacen reglas tontas sobre cómo la gente debería vestirse, afirmaciones vacías sobre cómo su estilo es superior al de todos los demás.

Pero déjame decirte algo: **estos tipos de creadores sí tienen una base de fans** y logran generar ventas.
Claramente, **no soy el mayor fan de este tipo de creador**, y trataré de mantenerme objetivo con fines educativos.

Este es el tipo de creador que se enorgullece de dar información sobre lo que es exclusivo.
Normalmente, hacen que su comunidad sienta un **sentido de privilegio**, posiblemente incluso de superioridad, porque se están vistiendo de la manera que ellos dicen que es la mejor.

No estoy seguro de por qué suele haber una correlación con el "old money".
Supongo que es el conservadurismo que rodea al sentido del estilo.
Y no estoy diciendo que si eres fan del estilo "old money" automáticamente criticas a los demás por sus elecciones de moda,
pero **sí hay creadores que se aprovechan de la narrativa de que los demás se visten mal si no siguen un uniforme.**

Le enseñan a sus seguidores cómo pueden ocultar las inseguridades que ellos mismos proyectan,
crean un problema y **luego les muestran la solución**.

Supongo que si lo ves desde una perspectiva externa, sí parece algo bastante inteligente.
Tu comunidad te va a amar por decir lo que otros simplemente son demasiado amables para decir,
o por ser su ídolo al ayudarles a resolver un problema que siempre han tenido.

"Sí, el color naranja brillante es la razón por la que no me contratan después de una entrevista de trabajo."

Supongo que, en cierto modo, la mayoría del tiempo **están proyectando lo que sería una versión estandarizada de lo que debería ser la moda**,
y dicen que si te falta buen gusto, es mejor seguir un conjunto de reglas.

Eso **no es lo que realmente representa la moda.**
Pero muchas marcas han logrado construirse bajo la idea de que su producto es el mejor,
y han creado un sentimiento de exclusividad alrededor de sus productos.

Muchos diseñadores han creado la sensación de que si compras sus productos, **automáticamente sabes más de moda que la siguiente persona**.
Por lo tanto, el crítico de moda **adopta una estrategia de marketing similar**.
Creas una base de fans basada en personas que te elogian por decir cosas que otros simplemente no dicen.

Pero **ten cuidado**, porque tu opinión puede ser **una espada de doble filo** y la gente puede usarla en tu contra.
Tienes que estar preparado para recibir muchas críticas si eliges este nicho.

Sí, puede darte mucha atención en el momento.
Y si tienes suerte, incluso podrías volverte un meme.
Pero sobre todo, **tienes que tener la piel muy gruesa**.

Si insultas, espera que otros hagan lo mismo contigo, cariño.
Estás abriendo la puerta abiertamente a la crítica.

Tienes que ser consciente de que si te estás burlando de cómo se visten las personas,
eso abre la puerta a un sinfín de posibilidades que pueden darte **mucha atención**,
pero también **tienes que ser capaz de manejarlo**.

Tienes que ser consciente de lo que eliges criticar públicamente.
Al final del día, tus palabras **pueden perseguirte en el futuro**.
Por lo tanto, **debes ser muy consciente de eso**.

He visto muchísimas veces cómo la gente dice algo equivocado,
como que "amarillo y verde son la peor combinación de ropa",
y eso se convierte en un audio viral para que los influencers de moda
te desacrediten usando exactamente esa ropa.

Tienes que ser **muy carismático** si planeas usar este enfoque de creación de contenido.

Un ejemplo clásico y popular del crítico de moda es **Joan Rivers con Fashion Police**,

quien fue ampliamente criticada por su forma agresiva de hablar sobre las celebridades y lo que llevaban puesto.
Ella se burlaba activamente de las celebridades y de su ropa **en televisión nacional**.

Y créeme cuando te digo que **la gente se enojaba con ella**, pero **su carisma y su habilidad para ser extremadamente graciosa** le permitieron tener una base de fans.

Logró que otras personas estuvieran de acuerdo con sus opiniones controversiales y se rieran con ella.
Un **factor clave en su éxito fue su habilidad para hacer reír.**

Si solo te estás burlando de la gente **sin ser gracioso**, entonces simplemente pareces arrogante y grosero.

Tienes que tener **finesse** a la hora de crear contenido, y a la hora de crear crítica.
Y si decides irte por el camino de ser **mala onda con otras personas**,
tienes que estar **listo para lidiar con las bases de fans de los demás atacándote de vuelta.**

¿Crees que eres la única persona con una base de fans en internet?
La realidad es que otras personas también tienen sus fans, y otras personas también tienen **diferentes tipos de gustos**.

Tienes que evaluar esto si decides basar tu contenido en una perspectiva crítica.

Está bien tener una opinión,
pero basar todo tu contenido en **odiar a los demás** puede meterte en situaciones que podrían haberse evitado desde un principio.

¿Qué recomendaría al influencer de moda que ya ha criticado mucho y está leyendo este libro y quizás quiere volver a ganarse al público general?

Hay un par de cosas que puedes hacer para alejarte de una marca tan tóxica.

De nuevo, eres **una fuente de información al final del día**. Por lo tanto, siempre puedes usar eso como tu fortaleza y **transicionar a una imagen más saludable**.

Tal vez intenta **elevar a las personas** cuando veas que se visten como a ti te gusta.
No estoy diciendo que te retractes de lo que dijiste en el pasado,
pero tal vez podrías **inclinarte hacia una marca personal que eleve el estilo que te gusta**,
en lugar de enfocarte tanto en criticar.

De esa manera también puedes **mostrar versatilidad**
y la gente no te ve solamente como alguien que odia a otros.
Eso nunca es saludable.
Puede crear un ciclo vicioso de odio hacia ti o hacia los demás, lo cual podría afectarte en el futuro.

De nuevo, estoy tratando de mantenerme objetivo con este tipo de creador,
pero soy un fiel creyente de que el karma existe y que **a veces las cosas simplemente no valen la pena**.
Conseguir likes en redes sociales **no lo es todo**.

La Moda
También se Explica

Aunque ser un periodista de moda puede parecer muy abrumador, al menos tienes este libro para ayudarte a guiarte hacia tu meta de informar a las personas.

Literalmente he hecho este tipo de contenido por años, y creo que puedo decir que **he dominado la habilidad de informar a las personas de una manera que las mantenga interesadas**.

Hay altibajos cuando se trata de contenido educativo. Por eso, estos consejos son para ayudarte a **avanzar aún más dentro de la comunidad**.

Créeme cuando te digo que **puede parecer difícil al principio** lograr que las personas se interesen en los mismos temas que tú.
Pero **vale mucho la pena en el futuro**.

Puedes **crear las tendencias** y afectar directamente a la comunidad de moda.

Si tu video está hablando sobre el nuevo lanzamiento de una bolsa de Coach

y alcanza 2 millones de vistas,
entonces estás **afectando directamente la cultura del consumidor**.

Siempre he valorado a los creadores que se enfocan en hacer contenido **basado en sus propias opiniones**
y que tienen **su propio punto de vista**.

Tienes que desarrollar tu propia opinión,
pero eso puede tomar algo de tiempo.

Al final del día, **nadie quiere ver la misma opinión repetida un millón de veces**.
Eso es aburrido.

Ten tu **propio punto de vista** cuando se trata de hacer contenido informativo.
Así puedes destacar y **no depender de otros creadores**.

Aquí hay algunos consejos que me hubiera gustado tener cuando comencé a hacer contenido informativo.

Sé apasionado :

Esto es **tan importante** cuando se trata de crear contenido porque realmente tienes que estar interesado en lo que vas a hablar.
No puedes simplemente replicar lo que otras personas han hecho para salir adelante.
Tiene que ser algo que **genuinamente encuentres interesante**.

Créeme cuando te digo que hay cosas **infinitas de las que se puede hablar en la moda**.
Así que encuentra algo que te parezca interesante y dale una oportunidad.

cuando creas contenido que genuinamente encuentras interesante, todo se vuelve mucho más fácil.

He estado en un punto en el que he creado videos que no quería hacer **solo por las vistas**, lo cual **no terminó bien**.
Casi siempre terminaba en **frustración creativa**.

Tienes que **realmente gustarte de lo que estás hablando**.
Pero créeme cuando te digo que, aunque al principio pueda parecer aceptable hacer videos que no quieres hacer, **confía en que después de hacer muchos se vuelve extremadamente agotador**.

Eventualmente pierdes la motivación y el burnout te alcanza.

Tienes que **realmente querer hablar sobre el tema que te gusta** cuando se trata de creación de contenido.
Solo puedes engañar a tu cerebro por un tiempo, pero eventualmente **vas a necesitar una salida creativa**.

Tienes que mostrar entusiasmo por lo que estás hablando, y eso también aplica al tono que estás transmitiendo.
Tienes que sonar interesado para que **otros se interesen también**.

Eso también se aplica a la creación de contenido y la manera en la que **creas contenido tú mismo**.
Hay **una gran diferencia en la energía que alguien proyecta al grabar**.
La gente puede notar cuando estás cansado o no te importa el tema.
La gente puede notar cuando una persona está **genuinamente emocionada por algo**.

Estar emocionado por algo **no te hace menos creíble**.
En cambio, **invita a otros a querer unirse y emocionarse por el tema también**.

Y si simplemente **no eres ese tipo de persona que es naturalmente entusiasta con las cosas**,
y realmente sientes que no puedes proyectar lo que la gente genuinamente considera como **la descripción general de entusiasmo o pasión**,
entonces **muéstralo de otras maneras**.

Una forma de mostrar pasión es la **dedicación**.

Tienes que encontrar una forma de mostrarles a tus seguidores que, a pesar de tu reacción tímida o pragmática,
aun así sabes lo suficiente como para dar tu perspectiva.

Ten ideas claras.
De esta forma, tus seguidores pueden seguir tus ideas y, posiblemente, **emocionarse ellos en lugar de ti**.

Tener un mensaje claro en tus videos es la clave,
especialmente cuando estás informando.
Tiene que haber **una línea de pensamiento**,
así la gente puede mantenerse interesada.

También existe tal cosa como parecer **demasiado apasionado**.

No te dejes llevar demasiado por la emoción, porque **tu mensaje puede perderse en el camino**.
Por lo tanto, debes evitar estar rebotando entre ideas.

Muchas veces, demasiado entusiasmo puede hacer que saltes de un tema a otro muy rápido o que no termines bien las ideas.

Debes dar ideas completas, no crear simplemente por crear contenido rápido.

Ten consistencia :

Cuando digo **tener consistencia**, lo digo en muchos sentidos.

Primero, en el sentido de que debes tener **consistencia en lo que estás diciendo**.
Tiene que ser coherente.

Las personas necesitan poder **seguir tu línea de pensamiento**, y una buena recomendación que te daría es que **escribas tu intención** de lo que planeas hablar.

Tener un guión puede ayudarte muchísimo :

Siempre he escrito un guión para **cada contenido informativo** que planeo hacer.

Y no, no me refiero a **leer el guión en los videos**,
sino a que te ayude a tener una **línea clara de pensamiento**.
Y de esa manera, tus seguidores pueden seguir lo que está pasando.

La mayoría del tiempo, cuando la gente está deslizando, **los videos simplemente aparecen aleatoriamente**
hasta que logran captar la atención de alguien.

Tienes que tener algún tipo de contexto cuando se trata de que alguien vea tu video.
No todo el mundo va a saber de qué estás hablando a menos que **les des algún tipo de idea**.

La mayoría del tiempo, tienes que **implicarle al espectador** de qué estás hablando, ya sea **a través del contexto, de lo visual o incluso de ambos**.
Toma solo unos segundos dar ese contexto adicional.

No todo el mundo va a saber automáticamente quién es Karl Lagerfeld.
Tienes que darles un contexto.
Tal vez si agregas que fue el director creativo de Chanel y fue responsable de **una de las colecciones más icónicas de la marca** y muestras parte de su trabajo,
entonces las personas podrían tener alguna idea de quién es.
No todos van a saber de qué estás hablando.

Otra manera en la que **la consistencia es importante** es en que las personas **puedan volver a ti frecuentemente** porque saben lo que van a recibir.

Y permíteme elaborar, porque **hay mucho que desempacar aquí**.

Tienes que ser **consistente con la manera en que estás generando contenido**.
No es publicar un video cada cuatro días y esperar ver resultados. No.
Tienes que darle a la gente **una razón para seguirte**.

No puedes simplemente decepcionarlos con la idea de que te están siguiendo.
Es porque quieren ver tu opinión.
Y si no estás entregando contenido de manera constante, entonces **eventualmente se van a cansar**.

Eso significa que necesitas **publicar con frecuencia para mantener la relevancia**.

Y sí, está bien tomarte un descanso,
pero recuerda que **el algoritmo es una bestia** y vas a necesitar mostrarle contenido a la gente, pase lo que pase.

Por lo tanto, **tienes que entregar contenido de manera constante** porque podrían cansarse de ti o, peor aún, **olvidarse de ti**, lo cual es peor.

Que la gente se olvide de ti puede terminar terriblemente.

La gente también tiene que **encontrar consistencia en tu formato de educación**.
Todos los canales más icónicos de figuras educativas en el mundo tienen su **propia fórmula consistente** que funciona para resonar con su audiencia.

Tienes que crear **algo de branding** para que las personas puedan **conectarse rápidamente con tu forma de explicar las cosas**.

Tal vez una **muletilla curiosa** o un **chiste gracioso** que a menudo haces con tus seguidores para que rápidamente identifiquen tu contenido o el tema que estás tratando de comunicar.

Las figuras públicas más populares **todas tienen frases populares**.
Por lo tanto, tienes que encontrar una forma para que la gente quiera escuchar tus frases y las recuerden.

Y créeme, si lo haces divertido, **la gente va a recordar tu consistencia en el formato**
y el contenido que estás creando va a ser **la clave para tener una comunidad de moda sólida**.

Es muy difícil ser una fuente de información **mientras al mismo tiempo enseñas cómo hornear un cheesecake.**
No puedes tener lo mejor de ambos mundos a menos que logres conectar ambas cosas con tu nicho.

Un patrón que he notado que **a menudo se sobreexplota** —y con buena razón— es usar un **gancho muy llamativo.**
Y si funciona, ¿por qué no usarlo de nuevo?

La gente ya lo recuerda del video anterior que les gustó, y por lo tanto, **les gustará de nuevo.**

Aunque **te advierto que tengas cuidado,** porque hay una **línea delgada entre tener un video con un concepto y estructura similar, y tener el mismo video.**

Las personas podrían confundir tu video con el concepto anterior,
por lo tanto, **debes tener cuidado cuando se trata de crear lo que yo llamo contenido en formato de serie**,
lo cual **ha demostrado ser uno de los más efectivos para mí.**

Tener una estructura similar o un tipo de serie, por ejemplo: "todos los vestidos que han usado las reinas europeas a lo largo de la historia",
es una manera de **cortar y exprimir tu contenido** mientras te mantienes consistente para el espectador.

Si a la gente le gustó la primera vez, ¿por qué no les va a gustar saber más al respecto?

Aunque también te advierto: **demasiados cliffhangers** pueden hacer que la gente eventualmente se canse de que estés jugando con ellos y estirándolos por mucho tiempo.

He visto creadores que intencionalmente llevan a las personas a cientos de partes 2 que **no llevan a ningún lado**.
No abuses de eso.
La gente eventualmente **se da cuenta de lo que estás haciendo** y dejará de caer en eso y te lo harán saber.

Está bien **dividir el contenido en partes**, pero tienes que **completar la idea**.
¿Cuál es el propósito de ver un video que **no va a dar el punto de vista completo** al espectador?

El punto es que las personas vean tu video y **queden informadas**,
no que consuman algo que no les da una perspectiva profunda sobre el tema.

Puede parecer que son muchas reglas para ser consistente, pero déjame repasarlas para que quede **realmente claro**:
    Consistencia en tu personaje, porque la gente no quiere ver a una persona diferente todos los días.
Sí, muestra versatilidad,
pero también sé consistente con la persona que **has estado mostrando en pantalla**
porque **la gente espera información**.
Sí les gusta recibirla de una manera familiar.
    Si lo piensas bien, **tu presentador local de noticias no está llorando en el noticiero**.
No, él siempre da **noticias limpias, directas y claras al espectador**.

Tienen que **recordarte** en un océano lleno de creadores de contenido
y **la información en exceso** se ha convertido en un nicho que es muy difícil,

pero no te desanimes,
porque puedes destacar usando tu **inteligencia** y mostrando al mundo por qué tú eres **la mejor fuente de información**.

Verifica los hechos (fact check) :

Esto es **muy importante** porque tienes que **dar información real** si quieres que te tomen en serio.
Nadie quiere ver a alguien que da información falsa o que dice ser experto en algo que claramente **no conoce mucho**.

Nota al margen:

Este es el **tercer bolígrafo** que he usado para este libro,
así que si estás leyendo la versión manuscrita y estás notando que **la tinta se está desvaneciendo un poco**,
es porque me estoy **quedando sin tinta**
y **me empieza a preocupar** que este bolígrafo también se esté acabando.

Mi mano **tampoco deja de acalambrarse**,
pero tengo **tanta información que quiero compartir**
y no quiero, y temo que **no haya una continuación para este ambicioso proyecto**
y termine aquí,
y este manuscrito quede encerrado para siempre en un cajón,
porque **me dolía demasiado la mano**.

Bueno, volviendo a lo que estaba diciendo al inicio:
Es **muy importante** que verifiques los datos que compartes.
Puede salir **muy mal** y, honestamente, **dar vergüenza**.

Las personas pueden verificar las cosas por sí mismas,
y si tu video se hace viral, habrá personas que **también sepan del tema**
y que darán **su punto de vista** e incluso **te corregirán**.

Si planeas ser un **influencer periodista de moda**,
entonces **tienes que priorizar los hechos**,
no solo cosas que "más o menos" crees que son reales.

Tienes artículos que pueden respaldarte en tu información,
incluso entrevistas.

Por ejemplo, recuerdo haber visto un meme hace muchos años
sobre Adriana Lima diciendo que **quería ser monja**.
Te juro que era un hecho que pensé que tenía grabado en el cerebro
y hasta pensé que me lo había inventado,
hasta que eventualmente decidí que quería investigar a fondo.

Para mi sorpresa, **no había muchos artículos hablando del tema.**
Honestamente, casi no había ninguno,
hasta que encontré un **clip de una entrevista** donde a Adriana Lima le preguntaban
cuál era la carrera que originalmente quería estudiar
y ella dijo que quería ser **monja**.

¡Eureka!
¿Qué mejor fuente de información que **la propia Adriana Lima**?

Este tipo de datos curiosos son los que los creadores como yo vivimos buscando.
Estoy constantemente tratando de encontrar el siguiente **dato súper interesante** para que mi audiencia se enganche.

Siempre tengo que encontrar la manera de que **mi contenido le vuele la cabeza a los espectadores**,
y eso es difícil de competir cuando **hay tanta gente allá afuera creando contenido** que también está dedicado a **volarle la cabeza a la gente**,
incluso en otras categorías.

Al final del día, en internet hay **tantos tipos diferentes de creadores** explorando diferentes tipos de datos curiosos para compartir con sus seguidores.

Tienes que hacer la investigación de la **mejor manera posible** y hacerlo **a fondo**.
Así te aseguras de tener la mejor información para compartir.

Puede tomar algo de tiempo,
pero una vez que comienzas a **juntar todas las piezas del rompecabezas, vas a empezar a tener mucha más claridad sobre lo que realmente quieres crear.**

No puedes dar información falsa a tus seguidores,
porque eso es abrirle la puerta a que la gente **te desacredite automáticamente**. Siempre encuentra la fuente que respalde lo que estás diciendo.

IA en el guion
Aliada o Amenaza Creativa

Usa las herramientas que tienes disponibles, pero no te vuelvas un sin alma.

Ok, esto puede sonar raro al principio, pero déjame explicarte.

En una era donde constantemente estamos siendo **bombardeados con medios creados por robots sin alma**, las cosas están perdiendo su esencia.
Es solo una **conciencia colectiva diciéndote lo que cree, o lo que cree que tú quieres escuchar**,
o programada para solo decir conceptos fuertes aleatorios que **ya han sido usados antes**
para crear una mezcla horrible sin alma de **una idea diluida** que **ya fue inventada**.

Esa es la **razón principal por la que estoy eligiendo escribir este libro a mano.**
No quiero que **un robot sin alma me diga cómo escribir un libro** o cosas que **solo yo sé**.

Toda esta información que he recopilado de mi experiencia creando contenido,
dudo mucho que un robot pueda entregarla con un alma real.

Estoy poniendo **todo el amor y dedicación** para demostrarle al lector que **todavía vivimos en una época donde las experiencias reales son valoradas,**
y por eso me alejé **estrictamente de plataformas de inteligencia artificial,**
porque siento que me darían **una versión diluida de este libro.**

Puedo notar **cuando el contenido es generado puramente con inteligencia artificial,**
y créeme cuando te digo que **no será tan bueno como lo creativo o lo inventivo que tú eres capaz de hacer,**
y **la manera en la que puedes interactuar con tu comunidad.**

Sí, por supuesto, puede usarse como herramienta,
pero **no para depender de ella.**
Ten algo de originalidad, y te digo que **el 99% de las veces que he usado IA para escribir mis cosas,**
terminan siendo una versión caricaturesca y diluida de lo que realmente habría escrito.

No me gusta usar el chat para escribir mi contenido.
Lo he intentado, y normalmente **no termina bien.**
Usualmente **lucho para conectar con el contenido que hace el robot.**
Lo siento vacío y muchas veces **sin un punto de vista actualizado.**
Ni siquiera tiene sentido. Es un robot, por lo tanto **no puede comprender sentimientos** como emoción, tristeza o incluso la comedia.

Todos los chistes simplemente **no aterrizan igual que si tú los hubieras creado tú mismo.**

El contenido debe sentirse como hecho por una persona,
y que hay algo de **originalidad en él**, algún patrón.

Casi siempre he notado que **una tendencia popular entre los creadores** es que **se están volviendo más crudos** con la forma en que representan su contenido,
y **yo argumentaría que esto se debe al hecho de que un robot casi nunca te dirá que hagas algo que no sea perfecto.**

La gente siendo cruda es lo que está ganando atención.
Tu opinión pura, **no importa si acabas de despertarte y no te has peinado o cepillado los dientes.**
Tú diciendo tu opinión sobre algo a la cámara,
como tu opinión sobre el nuevo mercado de lujo,
y **lo que está pasando con China y cómo China está vendiendo exactamente la misma bolsa**,
puede conseguirte cientos, si no millones de vistas,
porque la gente **se conecta con tu opinión sobre el tema**.

Esa es **la belleza de la nueva ola de creación de contenido**.
Queremos parecer **lo menos robóticos posible**.

Entretenimiento humano creado por humanos es algo que encuentro extremadamente valioso.

En una sociedad que actualmente está cambiando rápidamente hacia lo que yo llamo **la revolución de la inteligencia artificial**,
o lo que mi novio llama **la era oscura de la desinformación**,
el robot **miente**, a veces incluso si no te has dado cuenta.

Lo he usado bastantes veces, y **me ha mentido dándome fechas incorrectas**,
o no ha sido capaz de darme **información real**.

En realidad, eso **me da bastante miedo.**

Siempre toma todo con pinzas.
Nunca sabes cuándo el robot te está mintiendo.

Esa también es la razón por la que **deberías escribir las cosas tú mismo.**
Muchas veces, el programa **va a distorsionar la información.**

Pero tu opinion real, es lo que importa.
Eso es lo que lo hace **único.**

Cualquiera cosa que puedas hacer para resaltar tu individualidad y tu posición es importante , por ejemplo mi mano me está doliendo por que decidí hacer el manuscrito a mano, pero decido darle un significado a este dolor.
Es mi **humanidad la que hará que estas palabras conecten contigo.**

Todas las veces que mi letra empeora progresivamente en el manuscrito original es porque **el significado de todo esto** es que en una era donde todo se adapta automáticamente al espectador cuando lo desea, **debes luchar contra el contenido generado en exceso por IA y conectar con la humanidad de las personas.**

Deja que este libro te recuerde la importancia de crear algo original.

Siento que la IA eventualmente podría ser buena para verificar hechos y aprender a usar rasgos más humanos,
pero **nunca sentirá dolor al escribir.**
Ese es un valor que estoy aportando.

Y aunque parezca estúpido,
todas las cosas que he aprendido las estoy poniendo en este libro **sin necesidad de usar IA**, el robot nunca sabrá mis experiencias.
Puede tratar de explicarlas e incluso intentar replicarlas,
pero **todo esto viene de alguien que realmente ha conseguido millones de seguidores**.

Un robot puede ayudarte a aprender,
pero **nunca vendrá de una fuente real de experiencia**.
La información no vendrá de algo real.
Tenlo en cuenta la próxima vez que tengas flojera y quieras tomar el camino fácil,
probablemente lo habrías hecho mejor si no lo hicieras en piloto automático.

Sabes a lo que me refiero?
Como cuando hay un procedimiento que necesita hacerse de forma cruda
y a veces el robot no puede realmente crear ese procedimiento porque **no comprende las emociones**.

Por eso, cuando te digo que incluso el contenido informativo **puede transmitir muchas emociones**,
al final del día, **es tu opinión**.
Así que necesitas valorar eso y **no obstruirlo con una máquina llena de ideas colectivas de todos**.

Es como diluir una **salsa roja italiana pura** en una tina de **salsa de supermercado sobreprocesada**.
Estás mezclando dos tipos de cosas diferentes que, honestamente, un italiano te abofetearía por hacer.

Así que sé **original**.
No tengas miedo de los errores.
Haz esos **errores felices** y permítete ganar experiencia y aprender de ellos.

Las personas, al final del día, aprenden de sí mismas.
Y aunque estoy de acuerdo con que está bien usar estas herramientas,
al final del día tiene sentido.

Mi punto de vista al final **no es demonizar la ai**,
sino motivarte a que **crees tus propias ideas por que esos videos harán mucho mejor, créeme**.

El arte
De que te importe un carajo

Sé divertido, muestra diversión y diviértete.

No puedo enfatizar esto lo suficiente,
pero **ser divertido en las redes sociales es muy importante**.

Tienes que **genuinamente divertirte** con tu contenido
y por eso estoy recomendando esto.

La mayoría del tiempo he notado que **la cámara hace que todos sean 10 veces más aburridos de lo que en realidad son**. Por eso necesitas mostrar que **la estás pasando bien** con lo que haces.

Nadie quiere interactuar con alguien que claramente **no está disfrutando hablar del tema**.

Algo de lo que realmente tuve que liberarme cuando comencé a crear contenido fue **la idea del cringe**.

Cuando te digo que había un sentimiento interno de **no poder soportarme en cámara**,
ni mucho menos **mi voz**,
sentía que **todo el mundo se iba a burlar de mí** por las cosas que estaba publicando en internet.

Y no estaba equivocado.
Al principio, la mayoría de mis amigos **sí se burlaban de la persona que yo había creado**.
Pensaban que mis videos eran estúpidos
y que no iban a llevar a nada.

Honestamente, no tengo idea de lo que piensan de mí ahora porque seguí adelante.
También dejé de hablar con ellos.
Así que, por supuesto, no sé qué piensan de mí.

Tienes que **dominar el arte de que no te importe un carajo**.
Lo digo en serio.

Internaliza ese sentimiento de auto-sabotaje de no dejarte ser tú en cámara.
Rompe ese estigma porque **el cringe es el asesino número uno de influencers**.

La mayoría de las veces, cuando comienzas, **no vas a ser perfecto**.
Y eso está bien, porque **la práctica hace al maestro**.

Así que lo que te puedo recomendar es **diviértete** con esto y **no dejes que el cringe te domine**.

Al final del día, **el cringe es el miedo a lo que otras personas piensen de ti**.

Si tienes miedo de ser cringe, entonces está bien.
Pero **no dejes que ese miedo te domine**.

La gente siempre va a juzgarte, pase lo que pase.
Pero depende de ti **no dejar que el poder de lo que otras personas piensan de ti te controle**,

y en lugar de eso, **simplemente sé tú mismo**.

Al final del día, ¿quién más va a hacer realidad tus sueños si no tú?

Así que **confía en tu intuición** cuando se trata de creación de contenido
porque la mayoría de las veces, **las personas a tu alrededor no lo verán tan prometedor ni alcanzable como tú.**

Confía cuando te digo que **la gente va a pensar que estás loco**, pero eso es solo parte del proceso. No debes permitir que la idea de "¿y si tal persona lo ve?" te detenga.

Pues que lo vea.
Eso es **más tiempo de reproducción para tu contenido**.

Si tienes que saltar ese **cerro imaginario en tu mente** para ponerte en el estado mental correcto, hazlo.
Al final del día, crear contenido es **ponerte en una posición vulnerable**. La gente tiene derecho a hablar de ti,
de cómo elige interpretarte.

Así que sí, lo entiendo.
Parece aterrador pensar que la gente te juzgará,

Siempre habrá personas a las que no les vas a gustar.
Y eso está completamente bien.

La gente no está obligada de hecho… la gente tiene permitido no gustarte.

Todos tienen gustos y perspectivas diferentes. Por eso te recomiendo, y odio sonar como un cliché, pero que te valga lo que digan los haters.

Siempre va a haber un troll en internet que va a hacer lo imposible por arruinarte el día. Así que es tu trabajo no dejar que esos comentarios negativos te afecten. No puedes absorber sus inseguridades proyectadas. Quieren que fracases, así que no les des la satisfacción de verte caer.

Un consejo que siempre ha resonado conmigo :
no tomes consejos de alguien con quien no cambiarías de lugar. Y quiero que lo pienses bien. El 100% del tiempo, cuando alguien comenta algo negativo, viene de un lugar de odio. Así que realmente deberías sentir lástima por ellos, no por ti. En serio, hay que estar muy mal para ir activamente a dejar un comentario solo con la intención de derribar a alguien. Lo cual, honestamente, es muy triste si lo piensas. Sé que es más fácil decirlo que hacerlo, pero realmente necesitas proteger tu salud mental, porque se puede deteriorar muy rápido con la ola de comentarios negativos. Las redes sociales pueden ser muy deprimentes si te lo tomas muy personal. Y puede ser aún más difícil si ya estás en un espacio mental negativo. Tienes que romper ese ciclo si estás en uno.

La mayoría de las personas famosas han tenido problemas con el hecho de que la gente no conecte con su arte, y puede sentirse personal porque te estás exponiendo en internet solo para que alguien al azar diga que tu outfit está feo.

Al final del día, solo están proyectando sus inseguridades y frustraciones en ti. No puedes dejar que sus comentarios negativos ganen. Siempre va a haber personas que realmente te quieran, y a veces por las razones por las que otras personas no te quieren. Y a veces ni siquiera saben por qué no les gustas.

Pero siendo honestos, si piensas en cada persona famosa, siempre hay gente que los odia, y aún así son exitosos. Si lo piensas bien, la verdadera señal de que lo estás logrando es que estás incomodando a la gente con tu éxito. Esa es la realidad de un hater. Secretamente son tus fans más grandes. Están obsesionados con hacerte sentir mal, pero están interactuando, dándote tiempo de visualización y comentando, lo cual solo hace que el video se vuelva más viral. Si lo piensas, sin quererlo, están ayudando a que tu contenido tenga mejor rendimiento.

Pero también hay algo más que puedes hacer, y me encanta esta opción, y fue creada por una razón, y es por la salud mental de los creadores. Uno de mis mejores amigos, y la razón por la cual mi salud mental está estable, se llama el clásico botón de bloquear. No te sientas mal por usarlo. Existe por una razón. No hay nada de malo en bloquear gente. Para eso está. Está para que lo uses y elimines a esos espectadores no deseados.

Una vez escuché a un creador decir, y no recuerdo quién fue, pero dijo algo como: **mi canal es como mi casa**. Yo puedo ser yo mismo, compartir mis intereses con mis amigos e invitarlos a interactuar. Y si no respetan mi casa, los saco. Y honestamente, estoy totalmente de acuerdo. Si alguien llega a tu casa y empieza a insultar tu espacio, lo más probable es que no vuelvas a salir con esa persona o incluso la saques de inmediato.

No es diferente en redes sociales. No hay ningún problema con tener un límite con tu audiencia, y si no quieres que digan ciertas cosas, entonces bloquéalos. Hay suficiente gente en internet como para que no tengas que aguantar a una persona horrible y tratar de convencerla de que le gustes.

Piensa en esto: si en la vida real estás en la escuela, por ejemplo, y sabes que alguien no te quiere, ¿realmente vas a hacer todo lo posible para que le caigas bien? ¿Vas a tratar a esa persona como si quisieras que sea tu amigo, y luego te ignora? Exacto. Lo vas a ignorar y seguir con tu vida. Lo bueno es que en redes sociales ni siquiera tienes que interactuar con esa persona en persona. Solo puedes bloquearla.

Recuerdo que antes me sentía mal por bloquear personas, porque pensaba que estaba reduciendo mis posibilidades de que me notaran. Pero en realidad, eso es mentira. Solo estaba depurando mis espectadores. No sé por qué tenía la creencia de que al bloquear a alguien estaba dejándome afectar. Y sí, en parte sí, pero también… que se joda. No, en serio, que se vayan a la mierda.

Un ejemplo de lo que enfrento día a día es la homofobia. De verdad parece que esos comentarios importan, pero no. Yo elijo usar el botón de bloquear para no darle plataforma a los haters, como mi sección de comentarios, para que su opinión se replique en mi canal. No, por supuesto que no. Yo no creo contenido para que la gente lo odie. Al contrario. Por eso es tan importante el botón de bloquear, porque te permite ahuyentar a los haters.

Otro consejo sobre los trolls: por más que los odies, lo peor que puedes hacer es alimentar su narrativa. No puedes bajar a su nivel y empezar a pelear con ellos. Vas a quedar como un tonto, y eso no es bonito. Créeme, pelear con los haters no sirve de nada, y la mayoría de las veces no te trae ningún beneficio.

Aunque también existe otro enfoque que he escuchado, llamado el efecto cambio, que básicamente dice que si alguien te odia, eventualmente puede cambiar, o tú puedes hacer algo que lo haga cambiar de opinión. En cierto sentido, estás cambiando su perspectiva. He visto gente en mi sección de comentarios decir algo negativo en un post, y luego en el siguiente están siendo súper amables. Es un fenómeno muy raro, pero lo he visto muchas veces.

Tus haters pueden pasar de odiarte a quererte. Puede pasar. Lo he visto personalmente y déjame decirte, es raro. Pero si les das tiempo, tal vez logres probarles que están equivocados. Parece que toma mucho trabajo, pero es una estrategia que puedes usar.

Sin embargo todavía no entiendo cómo alguien es capaz de comentar algo cruel a otra persona.

Me parece un poco infantil comentar cosas negativas a otra persona. Mi suposición es que, como es una plataforma digital, la gente muchas veces pierde la percepción de lo que está diciendo o de que se lo está diciendo a otra persona real, porque la mayoría de las veces, en público y en la sociedad civil, la gente se guarda sus opiniones o las comenta solo en su círculo social.

La gente normalmente no dice en persona las cosas que dice detrás de una pantalla. Supongo que internet permite que la gente use el anonimato como arma porque no tendrán consecuencias incómodas en la vida real, ni que los enfrenten, ni que los golpeen.

Nunca he comentado algo negativo a alguien en redes sociales, así que en mi mente me cuesta entender cómo alguien puede comentar algo para hacer sentir mal a otro. Por eso, te insisto en que no dejes que los haters te afecten. También son humanos y cometen errores. La diferencia es que tú estás tratando de monetizar tu vida mientras ellos se están ahogando en la suya.

Créeme, los haters van y vienen, pero tus fans son los que importan, y te van a querer a pesar de los haters negativos y los ignorantes.

La Nueva Generación ***del Contenido Fashion***

Ahora bien, ya hemos repasado los principales. Tienes a tus **influencers de moda de lujo**, a tus **influencers de moda alternativa, los influencers low budget** y a tus **influencers periodísticos de moda**. Pero hay algunos que todavía no hemos explorado del todo, como los **creadores de moda que promueven activamente sus servicios y utilizan la plataforma para mostrarlos**.

Estas cuentas normalmente están centradas en un **nicho**, pero tienen la posibilidad de expandirse. Sin embargo, su contenido gira principalmente en torno a una habilidad específica que poseen y que **venden a sus seguidores**. Y aunque este tipo de creadores no tienden a tener la comunidad más grande, **aún logran venderle a su audiencia**.

Este tipo de creadores incluye a **diseñadores de moda, estilistas de moda** o incluso **ilustradores de moda**. Permíteme explayarme con estos tipos de creadores. A diferencia del resto, **no están completamente enfocados en promocionar una marca** o en sí mismos como marca. Sinceramente, creo que este tipo de creador **es el futuro de los influencers de moda**, porque están muy adelantados y son tan únicos que tal vez aún no han sido descubiertos.

Supongo que alguien tiene que **llevar la antorcha por este tipo de creador**, porque es un mercado listo para ser explotado. Por ejemplo, un creador que muestra **cómo elige sus telas, su inspiración para el look y cómo lo construyó**. Esta es una forma maravillosa de conectar con el espectador mientras también muestras tu talento.

Aunque este es un nicho que **solo puede ser completado por un experto**, debes saber que si sabes diseñar y coser, entonces deberías **mostrarle a la gente lo que haces o cómo ellos pueden hacerlo por sí mismos**. Siento profundamente que esta es la dirección hacia la que las redes sociales están avanzando. ¿Qué mejor manera de mostrar tu talento mientras mantienes tu pasión y obtienes ingresos?

Claro que requerirá **mucho trabajo**, pero confía en mí: si eres un diseñador de moda creando contenido, ya estás un paso adelante porque **estás construyendo tu propia marca personal**. Estás dando al espectador la oportunidad de ver lo que pasa detrás de escena y posiblemente conectar aún más contigo.

Imagina que la gente pueda conocer la historia, el proceso y la inspiración detrás de una pieza que diseñaste. **Estarán automáticamente más intrigados** que si solo la vieran en Amazon o en TikTok Shop.

Lo que me lleva al siguiente punto sobre por qué creo que **este tipo de creador es el futuro**: es porque las plataformas sociales como TikTok e Instagram han creado su propia plataforma donde las personas pueden **comprar productos directamente**. Estas plataformas están apoyando activamente la idea de que **los creadores promuevan un producto y lo vendan directamente desde la plataforma**.

Por ejemplo, he visto una variedad de creadores convertirse en **los más vendidos de sus propios productos en TikTok Shop**.

Es realmente impresionante ver cómo los creadores se están volviendo sus **propios jefes** y pueden ser su **propio marketing para sus servicios o productos**.

Al final del día, el influencer es el **intermediario entre la marca y el público**. Marca, influencer, audiencia. Las marcas contratan influencers para vender sus productos a cambio de una tarifa, porcentaje en ventas, o incluso los productos.

Imagina no necesitar al patrocinador. Se abre la puerta para que puedas **promocionar infinitamente tu producto**. También te permite **quedarte con la mayoría de las ganancias**.

Aunque sí tengo algunas advertencias cuando se trata de **promocionar tu propio producto o empresa**. Estás **facturando tú mismo**, sin depender de que alguien más te contrate. Lo cual, en teoría, suena genial, pero **tiene sus desventajas**.

Como la gente depende directamente de tu palabra respecto al producto, **tú también serás responsable** si el producto no cumple las expectativas. si eres una figura pública, la gente tendrá **muy altas expectativas sobre la entrega de tu producto**.

Pero desglosemos los diferentes servicios que puedes ofrecer si planeas ser un influencer de moda.

Primero que nada, y siento que es el más obvio, está el **influencer diseñador de moda**. Obviamente, por el nombre puedes inferir que este tipo de creador **crea los diseños en cámara** para que sus seguidores los aprecien. También es para que tus seguidores **vivan la experiencia a través de la pantalla** y también se enamoren de tus diseños, sintiéndose motivados a comprarlos.

Un tipo de contenido en formato de serie que **siempre disfrutaré ver** es ver a los diseñadores comenzar desde cero, desglosar su proceso creativo como diseñar y mostrar su pensamiento detrás de la creación del diseño. Estoy seguro de que la gente lo encontrará **extremadamente entretenido también**.

Así ellos también conocen **los materiales y el proceso real detrás de la prenda**. Por lo tanto, estás dando al comprador acceso al proceso detrás de la creación de la pieza que van a comprar. **Posiblemente los motives a querer comprar aún más ahora que conocen el proceso.**

Una crítica que a menudo veo dirigida a este tipo de creador es que a veces la mercancía es más cara. Pero por supuesto que lo es. El único problema es que **el público general no sabe por qué es más caro**. No conocen el proceso ni cuánto cuestan los materiales, herramientas, la mano de obra. Así que **es tu trabajo comunicar por qué estás cobrando ese precio**.

También corres **un gran riesgo de que otros diseñadores roben tus ideas o procesos**. Pero si actúas lo suficientemente rápido y muestras tus estrategias tan únicas para tu branding, **los demás solo parecerán copias baratas**.

Si vives con el miedo de que te copien las ideas, **nunca llegarás muy lejos**. Debes confiar en que tu audiencia **conectará con tu producto** y preferirá comprar el tuyo precisamente por tu contenido.

Créeme cuando te digo que cuando la gente copia, **siempre parecerá una copia más barata** porque **no son tú**. No conocen la visión como tú conoces tu visión. Sí, pueden copiar el diseño, pero **no pueden copiar el concepto o la historia detrás de él**.

Además, la gente se da cuenta. La gente sabe cuándo alguien está tratando de copiarte. Así que **ten cuidado**. Debes ser muy consciente del hecho de que la gente **sabe quién lo hizo primero** y dará crédito por la creación. **La gente no es estúpida** y se dará cuenta de quién está intentando imitar algo.

Mi recomendación es que **no dejes que el miedo a que te copien te detenga**. Deberías verlo como un trofeo. **Si tú tuviste la idea primero, entonces siempre seguirás teniendo las ideas primero**. Si pasas toda tu carrera enfocándote en quién te está copiando, créeme, pasarías el 99% de tu tiempo enojado.

Es inevitable. **Tú eres quien marca la tendencia**. Por lo tanto, está bien que otros quieran seguir tus pasos. **Eso muestra admiración. Muestra que estás haciendo algo bien y eres una inspiración activa para tu comunidad.**

Créeme cuando te digo que tus seguidores siempre **acudirán a ti primero** por cualquier tendencia o producto de tu marca. Así es como puedes **mantenerte por delante del juego: siendo auténtico**. La gente quiere comprar y consumir un producto que se sienta **único y personal** para ellos.

No quieren un artículo fabricado en masa que esté sobrevalorado y vendido como si fuera orgánico o local. **Debes venderles algo que solo tú puedes ofrecer**, especialmente en el diseño de moda.

La gente quiere ropa que **represente quiénes son** y consumir de personas que les agraden. **La realidad es que la gente va a comprar tu ropa si ven que tu marca personal los representa.**

A la gente le gusta la ropa que representa una comunidad. Por ejemplo, **sumarse a subtropes en moda y mantener un branding personal y claro para la marca.** Así, cuando las personas consumen, sienten que están comprando una pieza de esa identidad. De esa manera, también pueden proyectar al mundo **el sentimiento que tú también estás intentando transmitir a través de la moda**

Al consumir tu marca, también están comprando una parte de tu identidad. Querrán llevar eso consigo. De esta manera, las personas también pueden mostrar su apoyo y su propia personalidad al mundo a través de tus diseños. Estás proporcionando una vía para que las personas formen parte de tu comunidad.

Número dos: Influencers de moda estilistas. Estos son el tipo de influencers que venden su servicio como estilistas personales, a menudo promocionando a sus seguidores que poseen las mejores habilidades necesarias para hacer que sus clientes se vistan de la mejor manera posible, y eso, obviamente, implica contratarte para hacer el trabajo. El estilista de moda suele promocionar sus talentos en las redes sociales mostrando cómo pueden estilizar un atuendo.

He visto este tipo de creador durante bastante tiempo, y normalmente no tienen un nicho gigante, pero aún así encuentran una manera de monetizar sus servicios. **Deben construir una comunidad que consuma su servicio.** Esto también puede resultar un poco desafiante para algunos tipos de creadores porque eres una sola persona, o afortunadamente no puedes replicarte y no puedes atender a múltiples clientes al mismo tiempo. Tienes que tener un equilibrio sólido entre tu creación de contenido, que es tu herramienta para atraer nuevos clientes, y también necesitas atender a los clientes que ya tienes para mantenerte.

Puede sonar difícil en teoría, pero hay muchos influencers que logran mantener un equilibrio entre su vida laboral y su producción en redes sociales. Siempre disfruto mucho cuando logran integrar contenido personal o incluso contenido de tendencias. Al final del día, las personas querrán adquirir tu servicio porque se conectan con tu estilo personal y quieren poder vestirse como tú. Por lo tanto, te buscan para aprender o tener un estilo personal también.

He visto a estos tipos de influencers utilizar estrategias más convencionales para avanzar aún más en su visibilidad, a menudo utilizando audios de tendencia para mostrar sus atuendos. Por ejemplo, encontrar formas creativas de mostrar cómo estilizarían a un personaje popular de la cultura pop con su guardarropa o diferentes formas en que estilizarían la misma prenda varias veces.

He trabajado previamente para clientes y he incursionado en las compras personales un par de veces. Esto se hizo principalmente al comienzo de mi carrera, y no lo he hecho desde entonces ya que ser creador de contenido se volvió mi trabajo tiempo completo. Pero cuando te digo que estilizar a los clientes es probablemente uno de los trabajos más divertidos, realmente disfruté conocer a los fans en persona y poder pasar horas con ellos comprando. Era muy satisfactorio ver la sonrisa en muchos de sus rostros cuando finalmente se ponían algo; simplemente era muy satisfactorio de ver.

Otro enfoque que he visto utilizar para atraer más atención hacia los clientes estilistas es mostrar todas las nuevas adquisiciones que han conseguido para sus clientes. No hay nada que me brinde más alegría que ver los videos de hallazgos raros que los creadores logran cazar para sus clientes. Normalmente son las piezas más eclécticas y, a menudo, tan underground y únicas que incluso me impulsa a querer comprarlas también.

Algo realmente inteligente que he visto hacer a los creadores es la reventa, como tener su propio negocio de reventa, en el sentido de que tienen una página dedicada a vender piezas que normalmente encuentran para su comunidad.

He visto a muchos creadores de moda tener estas páginas dedicadas a vender artículos que logran encontrar. De hecho, conocí a una que me dijo personalmente que la razón por la que logra pagar sus viajes a París constantemente es porque tiene un grupo de clientes selectos a los que envía los hallazgos en un chat grupal.

Después de obtener la confirmación del cliente, cobra una tarifa por encontrar el artículo y luego se los envía por correo para no tener problemas en los aeropuertos. La he visto hacer esto muchas veces, y logra ir a París hasta cuatro veces al año con una comunidad de solo 25,000 seguidores.

A veces veo que el influencer estilista de moda se vuelve convencional, pero requiere que estudies a tu comunidad y entiendas cómo atenderla de una manera que las personas encuentren inspiradora. Me encantan los videos de creadores que usan su ropa para crear todos los personajes que aman.

Por ejemplo, si hay un videojuego que está en tendencia, un enfoque muy inteligente sería usar ese momento para que tu participación crezca. Tal vez un video sobre cómo crees que todos los personajes de ese videojuego popular se vestirían. Posiblemente incluso usando un audio que vaya con el personaje para darle más vida. Y no estaría de más agregar transiciones y hacer que el video sea aún más atractivo.

Al final del día, este tipo de contenido es muy creativo y muy flexible, lo que permite al creador divertirse con él. No hay un conjunto de reglas verdaderas sobre lo que se puede hacer con este tipo de contenido. Aunque he visto a creadores ir más allá y realmente llevar este contenido a otro nivel, lo cual en realidad es muy difícil de ejecutar porque a menudo hay videos de alta calidad, pero eso es obviamente una versión elevada de ello. Necesitas comenzar en algún lugar, y si no lo intentas, entonces nunca lo sabrás.

Una tendencia popular que he visto en esta comunidad es adquirir una pequeña caminadora. Si no la has visto, entonces puede sonar extraño en teoría, pero en la ejecución, es muy interesante. Básicamente, tienes que caminar en la caminadora para mostrar los atuendos. Piénsalo como una pasarela, como una especie de forma de exhibir su ropa mientras también la modelan para el espectador. Piensa en un modelo en su dormitorio vendiendo la ropa a su audiencia.

Nuevamente, hay muchos tipos de creadores de moda estilistas, pero argumentaría que los más exitosos en este nicho son los que logran vender y empaquetar su conocimiento.

Son realmente los que ganan mucho dinero.

Por ejemplo, el tipo de creadores que venden su curso basado en cómo vestirse. Estos están proporcionando activamente a su audiencia las herramientas que necesitan para mejorar sus propias habilidades para vestirse. También hay muchos creadores que están ganando mucho dinero vendiendo su conocimiento a su audiencia. He visto todo tipo de creadores vender su conocimiento, cómo vestirse para atraer más trabajos, cómo vestirse mejor en general, qué colores usar. Todo en esas líneas han sido cursos que han sido hechos por influencers para vender su talento de elegir ropa y saber cómo estilizar.

Esto obviamente juega en una liga más grande porque un cliente en una base uno a uno es mucho más fácil de manejar que todo un curso en funcionamiento. Pero mi consejo sería comenzar pequeño con la intención de eventualmente hacer crecer tu objetivo y trabajar hacia eso.

Cada creador de moda comenzó publicando, pero a través de la dedicación y la innovación, pudieron construir la comunidad que tienen hoy. Otro enfoque lateral es el influencer que lanza su propia marca, y este podría ser el momento en que el diseñador de moda y el estilista de moda se superponen. Cuando lanzas tu propia marca de ropa, de alguna manera estás diciendo a las personas que pueden estilizarse con tu ropa. Están eligiendo qué ropa se publicita para tu marca y luego, en teoría, tú eres el director creativo.

Está bien, al consumir tu marca, también están comprando una **parte de tu identidad**. Van a querer llevar eso con ellos. De esta forma, las personas también pueden mostrar su apoyo **o su propia personalidad** al mundo a través de tus diseños. **Tú estás brindando la oportunidad para que la gente forme parte de tu comunidad.**

No sé, puede parecer obvio, pero hay que decir estas cosas con todas sus letras. **La gente quiere comprar algo que vaya con lo que muestras en redes sociales. Se llama branding.**

No importa en qué nicho estés, tienes que tener algún tipo de **identidad visual y conceptual**.

No puedes salirte completamente de tu estética personal de repente **sin ofrecer una etapa de transición**.

No puedes pasar de tener una estética "old money" a teñirte el pelo de azul sin más.

Tu audiencia necesita una consistencia visual para sentirse segura al consumir lo que haces. No van a querer comprar algo que parezca otro "cash grab". **Debe tener tu perspectiva propia.** No es poner tu nombre en algo solo para sacar una ganancia rápida. **La gente necesita quererlo genuinamente.**

La gente está cansada de productos sobreproducidos y sin alma, con ideas genéricas. Hoy en día, buscan comprar algo que **se sienta personal**, que **se haya producido con pensamiento e intención** detrás.

Lo Esencial para
Publicar con Estilo

Ahora que ya hemos hablado de todos los tipos de influencers que existen en la moda y en redes sociales, es momento de que descubras **cuál de todos esos tipos se parece más a ti**. Encontrar qué tipo de creador quieres ser **es muy importante**. Es como cuando te dicen que elijas bien tu carrera porque te vas a quedar con ella toda la vida. Bueno, pues algo parecido pasa en redes sociales. Necesitas tener **una marca personal clara** y **mantener una narrativa** hasta que eventualmente puedas adoptar una nueva, lo cual toma tiempo.

Primero, debes definir **qué tipo de contenido quieres crear**. ¿Por qué te gustaría ser conocido? ¿Qué tipo de contenido realmente te emociona? A veces, el ensayo y error te lleva por caminos que no tenías planeados. Pero con práctica y dedicación, eventualmente **vas a conectar con tu comunidad**.

Aun así, hay algunas herramientas que puedo recomendarte para mejorar cuando se trata de creación de contenido. Estas son las **recomendaciones básicas que le daría a cualquier persona que está comenzando a publicar**, porque entender estos puntos puede ayudarte muchísimo.

Recuerdo que cuando empecé a subir contenido, **me ofrecí para ayudar a mis amigos a crecer en redes**. Lamentablemente, ninguno me tomó en serio hasta que ya era demasiado tarde y yo ya estaba teniendo éxito. Todos estos tips también me los daría a mí mismo si pudiera regresar en el tiempo, porque **siempre hay espacio para mejorar. Siempre puedes hacer tu contenido mejor**. No te conformes. Y si tú piensas que ninguno de estos consejos te va a ayudar, entonces tal vez eres perfecto y no necesitas este libro. Pero lo dudo mucho.

Consejo número uno: invierte en equipo. Es **súper importante tener el equipo básico**, y no me refiero a tener un clóset lleno de ropa. Me refiero a tener **el equipo necesario para grabarte bien**. ¿De qué sirve entregar un pastel delicioso si está mal presentado? Sí, el contenido puede ser bueno, pero la realidad es que **la presentación también importa**, y si no está pulida, la gente **no va a querer consumirlo**.

Cuando recibí mi primer pago, **lo primero que hice fue invertir en Kevin Fashioned**, y me compré inmediatamente **un trípode y una luz profesional**. Claro, siempre puedes pedirle prestado una luz a alguien que conoces, pero en cuanto puedas, **no te dejes llevar por compras impulsivas. Invierte en ti mismo** y en lo que necesitas para mejorar. Puede parecer un sacrificio al principio, pero si se te presenta la oportunidad, **vale la pena invertir en tu propio equipo**.

La diferencia que hace una buena iluminación o un buen micrófono es enorme. Hubo un tiempo en que no podía comprar un micrófono, así que usaba el celular de mi novio como micrófono para hacer entrevistas en la calle. Era lo mejor que podía hacer. Y cuando editábamos, tomábamos el audio y lo sincronizábamos con el video. Pero en cuanto pude, **invertí $450 en micrófonos**, y créeme, **la diferencia fue brutal**.

Y cuando te digo que hace la diferencia en la creación de contenido, es porque realmente **la hace**. Cuando puedes invertir en un producto que sabes que **va a elevar tu contenido**, el impacto se nota. Y lo mejor es que con el tiempo, **esa inversión se paga sola**.

No te estoy diciendo que necesitas **un presupuesto de $20,000** para comenzar en redes. Pero sí que, por lo menos, empieces ahorrando para tu primer trípode o tu primera aro de luz. Créeme, **eventualmente vale la pena**. Piensa en todo el contenido que vas a poder generar con esa inversión. Cuando llegue tu primer pago, **todo habrá valido la pena**.

Yo sé que al principio puede parecer difícil gastar en cosas caras como ropa o equipo. Recuerdo que cuando empecé, personas del área de marketing me decían que tenía que **cobrar más caro que otros creadores**, simplemente porque **ser un influencer de moda es más costoso**. Invertimos más en imagen, en producción, en mantenernos actualizados con las tendencias. No tienes los mismos privilegios que otros creadores, como los de comedia, que pueden grabar con la misma ropa o los bailarines que pueden usar pants.

Y aunque una marca podría argumentar que **no necesitas ropa cara para producir buen contenido**, también **están muy equivocados**. **Tu imagen es tu valor**. Tu marca personal es por lo que **las marcas están pagando**. **Tu identidad**, esa en la que invertiste para construir tu imagen, es la que motiva a tus seguidores a comprar.

Así que cuando **inviertes en tu equipo o tu clóset, estás elevando tu valor** como creador.

Varias marcas me han ofrecido contratarme y ponerme en una campaña donde ellos graban todo, contratan editores, camarógrafos, etc.

Y el 100% del tiempo, **rechazo esas ofertas encantado**. A menos que sea una sesión de fotos para una revista o un comercial de TV, dejo que ellos manejen eso. Pero en redes, **yo tengo mi branding.**
Ellos tienen el suyo, pero yo tengo el mío.

La mayoría del tiempo, **rechazo que alguien más grabe mi contenido que no sea mi propio equipo**, también conocido como **mi novio**. Siento que mucha gente **no tiene ese ojo creativo necesario** para mantener la coherencia con mi marca. No crean contenido con la misma calidad o estilo que mi audiencia espera. Y si en algún momento quieres contratar a alguien para editar o grabar, **asegúrate de formar un equipo con personas que compartan tu visión**. Personas con referencias similares a las tuyas. Así tendrás **un estilo de edición coherente** con tu contenido. **Tus seguidores sí notan cuando cambia el estilo o la calidad.**

Muchas veces, noto cuando un influencer **invierte en tener un equipo**, porque su contenido empieza a salir más seguido y con mejor calidad. Y la mayoría de las veces, eso termina en éxito. Pero lo importante es que ese equipo **comparta tu visión creativa.**

No te preocupes, eso es algo que vendrá **más adelante en tu carrera**. Por ahora, **estás perfecto empezando con lo que tienes en casa**. No necesitas gastar miles de dólares en cámaras profesionales o editores. Si tienes el lujo de hacerlo, buenísimo. Pero **yo no empecé con nada de eso. No necesitas equipos caros que ni sabes cómo usar todavía.**

Puedes empezar **desde tu cuarto, con un trípode o la luz de tu ventana.**

Algo que se ha puesto **súper popular entre los creadores** es el enfoque **orgánico**, crear contenido que **no se sienta como una venta directa**, sino como una manera natural y divertida de mostrar cómo se visten. **La gente conecta mucho con contenido orgánico que se siente personal.** Así que no te sientas intimidado por esos creadores gigantes que publican diez veces al día con un equipo de producción. Muchas veces, **el talento sí brilla por encima de eso.**

Consejo número dos: claro como el agua.
La transparencia importa. Tener una marca personal clara **es muy importante.** Sé que he repetido este concepto a lo largo del libro, pero… ¿qué significa realmente tener una marca personal clara?

Debes recordar que tus seguidores **no te conocen en persona.** No entienden todos tus chistes internos ni tu punto de vista. **Tienes que explicárselos.** Casi como si les dieras la comida con una cucharita. O sea, **darles pequeñas dosis** de tu identidad hasta que puedan armar el rompecabezas. Eso significa crear una marca tan clara que la mente de las personas haga clic al pensar en ti, ya sea por **tu forma de hablar o tu estilo personal**.

Los seguidores necesita un identificador clave cuando piensa en ti. Por ejemplo, **la icónica cola de caballo de Ariana Grande.** Con el tiempo, cada vez que veía una cola de caballo, automáticamente pensaba en Ariana. Esa fue **una decisión de estilo y de marca** para que su imagen fuera más reconocible.

El influencer —o al menos el exitoso— **debe tener elementos distintivos que lo hagan inolvidable.**

No puedo enfatizar lo suficiente la importancia de tener una estética clara y una identidad visual marcada. Ayuda muchísimo cuando un creador tiene **algo que hace que su audiencia lo identifique al instante.**

Algunas estrategias comunes son tener **frases graciosas o jerga específica** que usas con tus seguidores. Por ejemplo, **yo uso mucho la palabra** *"diva"* en mis videos. Se ha vuelto **parte de mi identidad.**

Otro método popular es **tener un nombre para tu comunidad de fans**. Eso ayuda a que encuentren a otras personas con intereses similares y refuerza el sentido de pertenencia. Un ejemplo es **uno de los creadores de maquillaje mas grandes**, llama a sus seguidores "sisters" o hermanas, y eso se volvió su intro, su frase de apertura y su gancho en muchos videos. **Supo usarlo estratégicamente.**

Puedes ser creativo con esto. Al final del día, lo más importante es **tener una identidad clara para que la gente sienta que tu contenido representa lo que están buscando**. Hay miles de personas creando contenido sobre los mismos temas. **Miles de videos se publican al día.** Así que es tu responsabilidad **destacar**, y permitir que **tu marca personal brille**.

La gente te quiere por las cualidades esenciales que tú mismo construiste. Por eso, un cambio radical en tu apariencia o marca personal puede llevar al fracaso. Tienes que encontrar un balance entre **mantener una marca coherente y evolucionar tu personaje** con el tiempo. Tu estilo personal debe **evolucionar, sí, pero respetando el ADN original** de tu marca.

Por ejemplo, **la "Clean Girl" es una evolución de la "Lululemon Girl" o de la "Preppy Girl"**. Cambia, pero **la esencia sigue allí**. El rebranding no es malo. Pero hay que hacerlo bien. **No puedes cambiar completamente tu imagen sin que la gente entienda por qué.** Tiene que haber **valores base** que sigan estando presentes. Así la gente **te encuentra otra vez** con facilidad.

No puedes cambiar tu branding personal radicalmente sin dar un proceso de transición. Si la gente te conoce como la "Goth Girl", no puedes de la nada aparecer como una rubia "Preppy Girl". **No tiene sentido.** El rebranding **debe tener algo del ADN de la marca original**. Si no, nadie va a entender nada.

Cuando las celebridades o figuras públicas **intentan alejarse demasiado de su marca inicial**, muchas veces terminan fracasando. Porque la gente **se conecta con la identidad que tú ya habías creado**. Esa es la verdad. Y es muy difícil cambiar eso por completo. Las personas **encuentran encanto en ciertas características tuyas**, y si las eliminas solo para mostrar una versión completamente nueva, **puede parecer poco genuino**.

¿Y Ese Ego de *Qué Marca Es?*

Mantén tu ego bajo control.
Recuerda que **ser famoso no te hace mejor persona que los demás**. Necesitas **regular tu ego**, porque es muy fácil perder la noción de lo que significa ser una persona talentosa en redes sociales **y una buena persona**.

He conocido a muchos influencers que, solo porque tienen más seguidores, **se creen superiores**. Piensan que pueden tratar a la gente como les dé la gana porque se ven a sí mismos en una posición de poder. Pero eso **no te da derecho a tratar mal a nadie**.

Sí, puede parecer fácil dejarse llevar cuando recibes mucho amor en internet. Cuando todos te dicen que eres guapo, talentoso, increíble… **es fácil creérselo demasiado**. Pero tienes que aprender a **diferenciar la confianza del ego**. Está bien tener **seguridad en uno mismo**, saber lo que vales. Pero hay una gran diferencia entre **sentirte orgulloso de ti mismo y mirar a los demás por encima del hombro**.

Al final del día, **eres una persona más en internet** buscando que te vean o tratando de vender un producto. No importa cuál sea tu meta, lo importante es **no perder el enfoque** con tus seguidores. **Ellos son tu comunidad**, y no es buena idea tratarlos mal.

Tu ego, al final del día, solo puede arruinar tu carrera.
La caída de muchos influencers ha sido **por tener el ego tan inflado que terminan diciendo o haciendo algo que los hunde públicamente.**

Ser famoso no te hace mejor que nadie, y definitivamente no te da derecho a tratar mal a las personas. No hay nada, pero **nada más inmaduro que tratar mal a un mesero o a alguien que trabaja en atención al cliente.** Es de verdad **vergonzoso y cruel.** ¿Para qué descargar tu mal humor con un desconocido?

Mi punto es: **no trates mal a la gente solo porque crees que puedes salirte con la tuya. No se ve bien.**

Sé selectivo y exclusivo.
No puedes permitir que la marca que has creado sea derrumbada o básicamente aprovechada por otros. **Tu marca es tuya,** y **no eres responsable por la imagen de nadie más.** Eso incluye **a los patrocinadores.**
Pero, ¿a qué me refiero con esto?

Cuando colaboras con otras personas, tienes que ser **muy cuidadoso con quién eliges para crear contenido.**

Recuerda: no puedes controlar lo que otras personas dicen o hacen.

Esto también se aplica al aceptar patrocinios.

No puedes aceptar cualquier marca solo porque te ofrece dinero.
No te voy a mentir, yo he aceptado patrocinios en el pasado de los que **no estoy orgulloso,** pero sinceramente **necesitaba el**

ingreso. Pero este es mi consejo: **piensa bien antes de aceptar un patrocinio.**

Recuerdo que una empresa farmacéutica se me acercó ofreciéndome decenas de **miles de dólares**, con la condición de que dijera que tenía cierta enfermedad. De nuevo: mucho dinero, pero **hubiera estado mintiendo**. No tengo ninguna tal enfermedad, así que eso **hubiera ido completamente en contra de mi marca personal y mi ética**.

Otro tipo de patrocinio que he rechazado ha sido de **marcas de alcohol**.

No me gusta beber, o al menos **lo hago muy poco**, así que no quiero mostrarle a mis seguidores una versión de mí que **no es real**. Y mis seguidores **saben que no me gusta salir de fiesta**. mi marca personal no encaja con el juego, el alcohol o la mentira.

De nuevo, **no estaba dispuesto a hacer eso por un pago rápido**, porque **sí hay un nivel de exclusividad al aceptar colaboraciones con marcas**. Al final del día, **tus seguidores te siguen por moda**, así que puede parecer raro si promocionas algo **que nunca has mostrado antes**. Aunque he colaborado con marcas **fuera de mi nicho**, rápidamente me di cuenta de que **si mi comunidad no conecta con eso, lo dejo**. Si **no interactúan con el contenido**, dejo de trabajar con esa marca o **busco una forma de hacerlo más atractivo**.

A la gente no le gusta que le impongan productos.
De nuevo: **en tiempos difíciles, se toman medidas desesperadas**. Si realmente **necesitas el dinero**, nadie te va a juzgar por mucho tiempo. Solo **nunca, nunca, nunca aceptes una campaña política por dinero**, aunque suene tentador.

Consejo número cinco: colaborando con otros creadores.

Cuando por fin tengas la oportunidad de conocer al creador con quien **siempre has querido colaborar**, ya sea en un evento o en un viaje con alguna marca, **tengo varios consejos para ti** para acercarte a ellos y pedirles una colaboración.

Puede parecer intimidante conocer a alguien que **has visto por años**, y claro que la **ansiedad social puede apoderarse de ti**. Pero créeme cuando te digo que **la mayoría de las personas están igual de nerviosas que tú**, y que probablemente también **tienen miedo de conocer gente nueva**, tanto como tú.

Todos sentimos ansiedad social a veces, y eso es completamente normal.

Mi primer consejo es: **rompe el hielo**. Puede parecer difícil, pero siempre acércate **desde un lugar de aprecio y amabilidad**. Siempre ten en mente que **ninguna interacción saldrá exactamente como la imaginaste en tu cabeza**. Puede ser completamente distinta a lo que planeaste. Incluso puede pasar que ese creador que conoces sea **una persona maravillosa**, pero tal vez **se muestre cerrado** porque sabe que las personas nuevas **pueden ser un riesgo para su marca**.

No digo que tú, lector de este libro, seas una mala persona, pero **como figura pública, uno tiene que pensarlo dos veces antes de grabar con alguien**.

Por ejemplo, yo he colaborado con muchos creadores de todo el mundo y de distintos nichos, y lo mejor que te puedo recomendar es **ser buena persona**. Sé que suena obvio en teoría, pero **realmente hay que ser amable**.

Puede que esa persona **no sea muy efusiva**, o incluso parezca un poco distante, y **eso está bien**. La gente es humana y tiene días malos. Nunca sabes qué está pasando internamente. Pero **un truco que nunca falla** es elogiar genuinamente su trabajo. Muestra **por qué eres fan**. Pero hazlo **de verdad. No finjas.**

No trates de ser amigo de alguien solo por sus seguidores. Debes colaborar con personas porque **de verdad apoyas y disfrutas su contenido**. Vas a parecer **un payaso** si finges ser fan y se nota que no lo eres. **Muéstrales tu apoyo auténtico**; eso los hace más abiertos a colaborar contigo.

Colaborar con alguien **más grande que tú** puede ser difícil de lograr, porque normalmente **te da ventaja a ti**, pero aún así es posible. **Los creadores grandes también son personas**, y **todo depende de la personalidad**. Si alguien realmente **hace clic contigo**, van a estar más abiertos a colaborar. Pero si **no los sigues, no te presentas, y solo les pides una collab**, se va a notar que **lo haces por conveniencia**.

Es mejor colaborar con creadores que realmente te gusten. No te fuerces a tener un momento viral solo por la fama.

El Arte de Atraer
Colaboraciones Fashion

cómo conseguir marcas.

Cada consejo que te he dado, es para que logres conectar con tu audiencia, al lograr videos virales las marcas te escriben al directo o al gmail que usualmente los creadores tienen anclados a su perfil.

Sin consistencia no hay videos virales, sin videos virales consistentemente, no te escriben los patrocinadores.

Pero si aun así si empiezas a formar una comunidad y parecen no haberte notado, entonces **tienes que tomar la iniciativa de buscarlas.** Así como si estuvieras buscando un trabajo en la vida real, puedes ir activamente **perfil por perfil buscando marcas que te contraten a cambio de contenido.** Y aunque pienses que eso se ve desesperado, **no lo es.** La mayoría del tiempo, **terminas consiguiendo un trato con al menos una marca.**

Busca agencias de marketing locales y pregunta si están **buscando creadores de contenido para alguna marca.** O pide el número del equipo de marketing, o mejor aún, **envía un correo para presentarte.** O todavía mejor: pide **agendar una reunión para ofrecerles una propuesta enfocada en aumentar ventas para la tienda, mientras tú mantienes tu talento visible.** Es un **ganar-ganar.**

Otro enfoque que veo mucho es que algunos influencers hacen **videos gratis con el objetivo de que eventualmente una marca los contrate**, ya sea esa misma marca o una que lo vea.

Por ejemplo, hacer un **haul de una marca que realmente te gusta** es una manera muy buena de demostrar que **tienes la habilidad de vender un producto**, y que **tu audiencia realmente está interesada en consumir lo que tú estás mostrando**.

Piénsalo como si tuvieras una **boleta de calificaciones**. Las marcas **sí observan si hablas mal de un producto** y te contratan según **cómo comunicas y cómo interactúa tu comunidad contigo**. Eventualmente, si demuestras que sabes presentar productos, las marcas llegarán. Y si tienes **un historial positivo**, eso también prueba que **sabes cómo hacer contenido patrocinado**.

Cómo cobrar...

Por supuesto, **todos queremos saber cómo se cobra**. Y eso incluye tener algo que **todas las agencias te van a pedir**.

Se llama algo así como un **media kit**:
un portafolio con tus precios y estadísticas.

Un media kit es básicamente **un menú de restaurante**. Un archivo donde se incluyen **todas tus opciones de contenido**: stories, reels, TikToks, lives, etc., **con los precios estimados para cada uno**.

Siempre le digo a la gente que es **mejor vender tu engagement más que tu número total de seguidores**. Claro, tus precios son una **combinación de ambos**, pero recuerda que estás **prometiendo ventas a la marca**, no solo números vacíos.

No te preocupes si tus contenidos patrocinados no tienen **el mismo alcance que el contenido orgánico**. Es completamente normal. Lo importante es que **tenga buen engagement**.

Después de poner tus precios, **añade un pequeño resumen con tus estadísticas generales y tu alcance total**. Recuerdo que mi primer media kit tenía una lista de logros, pero rápidamente la quité porque **la marca que te contacta ya sabe todo eso**.

Para eso son las reuniones: **para presentarte y venderte**.

Perseguir a las marcas para que te paguen es una pesadilla. Y créeme cuando te digo que **la mayoría del tiempo van a intentar no hacerlo**, culpando al departamento de contabilidad. Me ha pasado **el 99% del tiempo**. Las marcas **no pagan a tiempo**.

Si quieres mantener una relación profesional y tener la posibilidad de **que te contraten de nuevo**, puedes esperar **de tres a seis meses** a que te paguen, lo cual yo he hecho.

Pero me he dado cuenta de que **las marcas se inventan todo tipo de excusas ridículas para no pagar a tiempo**.

Tipo: "se comió la tarea el perro", pero versión contable. "El problema fue con el departamento financiero", "ay, perdón, eran 120 días hábiles, no 120 días corridos, jaja".

He escuchado todas las excusas del mundo.
No importa cuán grande sea la marca, el **99% de las veces se atrasan en el pago**.

Esta es una de las mayores desventajas de ser influencer: la incertidumbre.

Sí, **pagan bien,** pero **no es como un trabajo fijo de oficina. No cobras todos los meses.**

Hay temporadas altas y temporadas bajas.

Por eso, **mi recomendación es que tengas tus hábitos de gasto en orden.**
Es fácil querer comprarte algo caro porque "la marca me paga mañana".
Pero si **no te pagan,** necesitas tener mucho cuidado, porque **no sabes cuándo te volverán a contratar.**

La incertidumbre es la principal razón por la que debes manejar bien tus finanzas.
No gastes más de lo que ganas.

También puedes tomar otro camino, que **no es el más profesional** y **solo deberías aplicar si ya les escribiste, llamaste y mandaste correos y aún así no te pagan: contrata a un abogado.**

El **mayor miedo del equipo de marketing es el equipo legal.**
Son **enemigos naturales.**

Sí, es una jugada agresiva, pero también es agresivo que **te paguen seis meses tarde** cuando **te prometieron otra cosa.**

Esto **sí puede arruinar tu relación comercial con esa marca,** porque una demanda **es algo serio.**
Pero si **necesitas el dinero,** técnicamente **ya hiciste el trabajo.**
Estás en **tu derecho legal.** Y ellos lo saben.

No puedes ir a un restaurante, pedir comida, comértela y pagar 120 días hábiles después. **Eso no funciona así.** Especialmente si **tienes un equipo**, como editores. ¿Cómo les vas a pagar?

Es una cadena de distribución.
Y **mentir sobre la fecha de pago** puede arruinar muchos planes que ya tenías.

Aunque sí hay marcas que pagan a tiempo. Y puedes **negociar que te paguen el 50% por adelantado** y el 50% al entregar. Piensa que en un par de meses, tal vez **te van a pagar una buena cantidad**, porque **los influencers ganan buen dinero.** A veces incluso **miles de dólares por un solo post.**

Un contrato es una buena forma de proteger a ambas partes.
A ti, porque te asegura que te van a pagar.
A ellos, porque les garantiza que tú vas a entregar el contenido con profesionalismo.

Es mejor tener un mánager, o ser independiente?

He probado ambos métodos, y **ambas opciones tienen sus pros y sus contras.**
Todos sabemos que **un mánager puede ayudarte a moverte mejor en el mundo profesional.**
Es una persona que se especializa en **impulsar a sus talentos y conectarlos directamente con clientes.**

Aunque hay mánagers que ayudan con la creación de contenido, **yo nunca he tenido uno así**, aparte de mi novio, que en teoría **es mi mánager creativo en ese aspecto.**
Él me ayuda con la creación de contenido todo el tiempo.

Pero me refiero a un **mánager comercial**, alguien que **tiene una red de contactos** a los que puede ofrecer tu imagen y vender tu talento.

Ellos harán todo lo posible para que tú consigas el contrato antes que otro, lo cual **trabaja a tu favor**.

Es como tener un caballero comercial en armadura brillante **defendiéndote ante las marcas y ganando batallas por ti**.

Pero la realidad es que **lo hacen por dinero**.
Por supuesto, van a querer **venderte al precio más alto posible** porque, claro, **ganan un porcentaje** de cada contrato. **El precio más alto es su motivación**, porque **de eso se llevan su comisión**, lo cual es importante porque eso **es lo que los mantiene motivados**.

También estás pagando por **su experiencia en el medio**. Recuerdo que cuando comencé, **no tenía idea de cómo negociar**.
Así que sí, ayudan mucho en ese aspecto.

Si no sabes negociar, encuentra un manager.

Solo asegúrate de **tener cuidado con lo que firmas** y **revisa siempre tus contratos**.
Tienes que ser **muy cuidadoso con lo que estás firmando**.
No puedes **ceder tu autonomía como creador**.
Esto es **extremadamente importante**.

Tú debes tener **la última palabra** sobre las decisiones que tomas con tu contenido.

Ellos siempre vendrán desde una perspectiva comercial, por lo tanto, **siempre pensarán primero en el cliente**.

Mantente alerta.

Por eso también puedes optar por ser **independiente**.
Y sinceramente, **tiene sus beneficios**.
Al final del día, muchos clientes te van a contactar directamente y puedes cerrar tú mismo los acuerdos.

Solo tienes que asegurarte de **saber cómo negociar**, porque puede ser algo complicado cuando estás cerrando un trato. Tienes que parecer **lo suficientemente profesional, no es fácil pero es posible**.

Ese será tu mayor reto: crear tu propia red de marcas consistentes.
Necesitarás **paciencia**.

Los tratos **pueden tardar en cerrarse**, pero si aguantas, eventualmente tendrás **tus propios clientes fieles** y **tu propia red de contactos**.

Rango promedio de precios según seguidores :

Toma esta lista como una referencia general.
Los precios varían mucho según el país, la trayectoria y la conexión real con la audiencia.

No es lo mismo alguien que acaba de llegar a 100 mil seguidores, que alguien que lleva años con esa comunidad activa, que confía en él o ella y realmente le compra lo que recomienda.

Los precios son equivalentes a lo que logras vender, y si, lo he comprobado, todos venden y mucho.

Influencer con 10,000 - 40,000 seguidores

Post en Instagram o TikTok: $50–$250 USD

Influencer con 50,000 seguidores

Post: $250–$500 USD

Influencer con +100,000 seguidores

Post: $500 – $1000 USD

Influencer con +1 millón de seguidores

Post: $3,500 - $15,000 USD

Opiniones finales :

La mayoría de los creadores tienen un potencial enorme, pero suelen fallar con dos cosas:
la constancia y su branding personal.

Mi consejo: **encuentra eso raro que tienes.**
Sí, eso que quizás alguna vez fue motivo de burla. Tal vez eres súper excéntrico, tal vez tímido, o te ríes tan fuerte que todos se voltean.
¿Adivina adivinador?
Eso que te hace único es justamente lo que te va a diferenciar.
Las personas aman lo auténtico.
Cuanto más original eres, más conectas. Más te siguen. Más marcas llegan.
Más vendes.

No te pierdas en el océano de creadores. *Sé el creador del futuro.*

Y me emociona imaginar que quien está leyendo esto, será ese creador o esa creadora que viajará por el mundo,
que se mudará a una casa más grande,
que lanzará su propia línea de ropa
o dará talleres de estilismo **sold out.**

Lo escribí con todo mi corazón, con mi mano y con mi alma.
Gracias por leer.
Espero verte pronto...

brillando.

Agradecimientos finales :

A mi mamá, Aimeth: gracias por apoyarme en cada uno de mis sueños, por poner siempre a tus hijos primero, y por darme una crianza enfocada en el amor, la empatía y el crecimiento personal. Sin eso, no tendría la confianza para publicar este libro.

A mi tía, Amalia: gracias por ser quien me presentó la moda desde pequeño, por enseñarme que la belleza también puede ser un lenguaje y por ayudarme a encontrar mi pasión.

A mi abuela, Edith: gracias por ser esa figura fuerte, amorosa y presente que siempre ha celebrado mis logros con una sonrisa.

Vengo de una familia de artistas y me siento afortunado de poder decirlo en voz alta:
mi mamá, una artista;
mi tía, una escritora;
mi abuela, una artista.

Gracias por enseñarme desde pequeño a levantar mi voz creativa y a creer en la belleza de crear. Este libro es una extensión de eso.

Made in the USA
Columbia, SC
13 May 2025